Skyhigh is my place

Shahpour Pouyan

museum dhondt-dhaenens

VOORWOORD
Antony Hudek

Museum Dhondt-Dhaenens is uiterst trots Shahpour Pouyan te hebben begeleid in de tocht om zijn ambitieuze installatie *Skyhigh is my place* te realiseren. Het werk, dat speciaal voor het museum werd ontworpen, is het resultaat van meer dan twee jaar intensief onderzoek, schetsen, discussies en het bezoek aan werkplaatsen en boerderijen in België en daarbuiten.

De kunstenaar had aanvankelijk een ondersteboven gekeerde verkeerstoren voor ogen, geplaatst in de patio, omgeven door een aan het plafond hangend tarweveld. Dit droomachtige beeld vereiste het juiste soort tarwe – goudkleurig, lang en stevig, kenmerken die we vonden in de lokaal geteelde 'wintertarwe' – en het juiste type boer die voor zo'n idee openstond. Het hing ook af van de juiste soort werkplaats, namelijk Atelier Van Lieshout, om een grootschalig model van een omgekeerde verkeerstoren te kunnen realiseren. Net toen we de plannen van de kunstenaar wilden bevestigen, verbood de regionale brandweer ons vriendelijk maar categorisch om dergelijke hoeveelheden brandbaar materiaal aan het plafond van het museum te bevestigen.

Pouyan ging terug naar de tekentafel. In de definitieve versie van *Skyhigh is my place* werd dezelfde tarwesoort gebruikt, maar werden de hangende stengels vervangen door hopen graan op de grond, die rond de omgekeerde verkeerstoren grote delen van de tentoonstellingsruimte vullen. De evolutie van hangend tarwe naar hopen graan vormde een beslissende stap in de ontwikkeling van het project. Wat begon als een allegorische weergave van het verleden van de kunstenaar, werd een grimmiger, meer materialistisch en volgens sommigen zelfs een somberdere kijk op zijn herinneringen en denkbeelden. De aanvankelijke 'amberkleurige golven van graan' maakten plaats voor referenties naar industriële voedselvoorraden, naar het hamsteren in afwachting van onnoemelijke uitdagingen.

Of de beweging van plafond naar vloer, van allegorie naar zwaartekracht, een gevolg is van veranderende persoonlijke omstandigheden van de kunstenaar, of van het tussenliggende jaar dat gekenmerkt werd door omwentelingen rond ecologie en gezondheid, blijft voor interpretatie vatbaar. Het is juist deze ambiguïteit tussen macro en micro, tussen het persoonlijke en het geopolitieke, die Pouyans oeuvre zo krachtig maakt. Hoewel hij schatplichtig is aan specifieke culturele symbolen, lokt het werk de toeschouwer naar overwegingen die niemand onbewogen laat: ontheemding, herinnering en de overblijfselen van ineengestorte dromen.

Ik wil graag iedereen bedanken die *Skyhigh is my place* mogelijk heeft gemaakt, te beginnen met de kunstenaar, wiens niet aflatende vindingrijkheid en generositeit alle obstakels hebben doen overwinnen. Ik dank Charlotte Crevits, die als toenmalig curator van het Museum Dhondt-Dhaenens de opdracht aan de kunstenaar gaf en zijn eerste waardevolle gesprekspartner was. Binnen het team van MDD ben ik An-Valerie Vandromme en Laurens Otto dankbaar voor het voortdurend vinden van oplossingen. Zonder de enthousiaste steun van Frederiek Ballière hadden we de tarwe die Paul Beguin ons ter beschikking stelde niet kunnen vinden of betalen. Ook de verkeerstoren had niet aan de verwachtingen van de kunstenaar kunnen voldoen zonder de vakkundigheid van Harm Verhagen van Atelier Van Lieshout. Wij zijn Joep van Lieshout en Arianne Kamsteeg van AVL dankbaar voor de voortdurende samenwerking, en Will Lunn van Copperfield, Londen, die ons in contact bracht met Harm en ons op beslissende momenten van kritische input voorzag. Dit boek dankt zijn bestaan aan de steun van de Henry Moore Foundation, Asmaa Al-Shabibi en William Lawrie van Lawrie Shabibi, en Galerie Nathalie Obadia. Nathalie Obadia, Valérie Wille en Isotta Bosi zijn vanaf het begin onafgebroken partners geweest van dit project – ik wil hen graag last but not least onze meest hartelijke dank aanbieden.

FOREWORD
Antony Hudek

Museum Dhondt-Dhaenens is proud to have accompanied Shahpour Pouyan in the adventure of realising his ambitious installation *Skyhigh is my place*. Designed specifically for the museum, the piece is a culmination of over two years of intense research, renderings, conversations and visits to workshops and farms in Belgium and abroad.

The artist first envisioned an air control tower turned upside down in the space's inner courtyard, surrounded by, quite literally, a wheat field hanging from the ceiling. This oneiric image required the right type of wheat – golden, long, and sturdy, qualities we found in the locally grown "wintertarwe" ("winter wheat") – and the right kind of farmer who would be open to the idea. It also depended on the right kind of workshop, namely Atelier Van Lieshout, to manage a large/scale model of a control tower on its head. Just as we were about to confirm the artist's plans, the regional fire authorities gently but categorically forbade us from attaching such quantities of flammable material to the museum's ceiling.

Pouyan went back to the drawing board. The definitive version of *Skyhigh is my place* kept the same type of wheat but replaced the hanging stalks with mounds of grain on the ground, filling large portions of the exhibition space around the upended control tower. The evolution from hanging wheat to piles of grain constituted a decisive step in the project's development. What began as an allegorical representation of the artist's past became a starker, more materialist and some might argue bleaker take on his memories and outlook. The initial "amber waves of grain" gave way to evocations of industrial food stock, of hoarding in preparation for untold challenges.

Whether the movement from ceiling to floor, from allegory to gravity, is a symptom of shifts in the artist's personal circumstances, or of the intervening year marked by sanitary and environmental upheaval, remains open to interpretation. It is precisely this ambiguity between macro and micro, between the personal and the geo-political, that makes Pouyan's oeuvre so powerful. While indebted to his own cultural markers, his work lures the viewer into considerations from which no one is immune: displacement, reminiscence, and the remnants of collapsed dreams.

I would like to thank all those who made *Skyhigh is my place* possible, starting with the artist, whose unstinting resourcefulness and generosity overcame all odds. Charlotte Crevits, then curator at Museum Dhondt-Dhaenens, commissioned the artist and was his first and valuable interlocutor. Within MDD's team, I am grateful to An-Valerie Vandromme and Laurens Otto for their constant problem-solving and solution-finding. Were it not for Frederiek Ballière's enthusiastic backing, we would not have been able to locate or afford the wheat kindly supplied by Paul Beguin. Nor could the control tower have matched the artist's expectations without the skill of Harm Verhagen at Atelier Van Lieshout. We are grateful to Joep van Lieshout and Arianne Kamsteeg at AVL for their ongoing collaboration, and to Will Lunn at Copperfield, London, who brought us in contact with Harm and provided critical input at decisive moments. This book owes its very existence to the support of the Henry Moore Foundation, Asmaa Al-Shabibi and William Lawrie from Lawrie Shabibi, and Galerie Nathalie Obadia. Nathalie Obadia, Valérie Wille, and Isotta Bosi were constant partners of this project from the beginning – I would like to offer them our "not least" and warmest thanks.

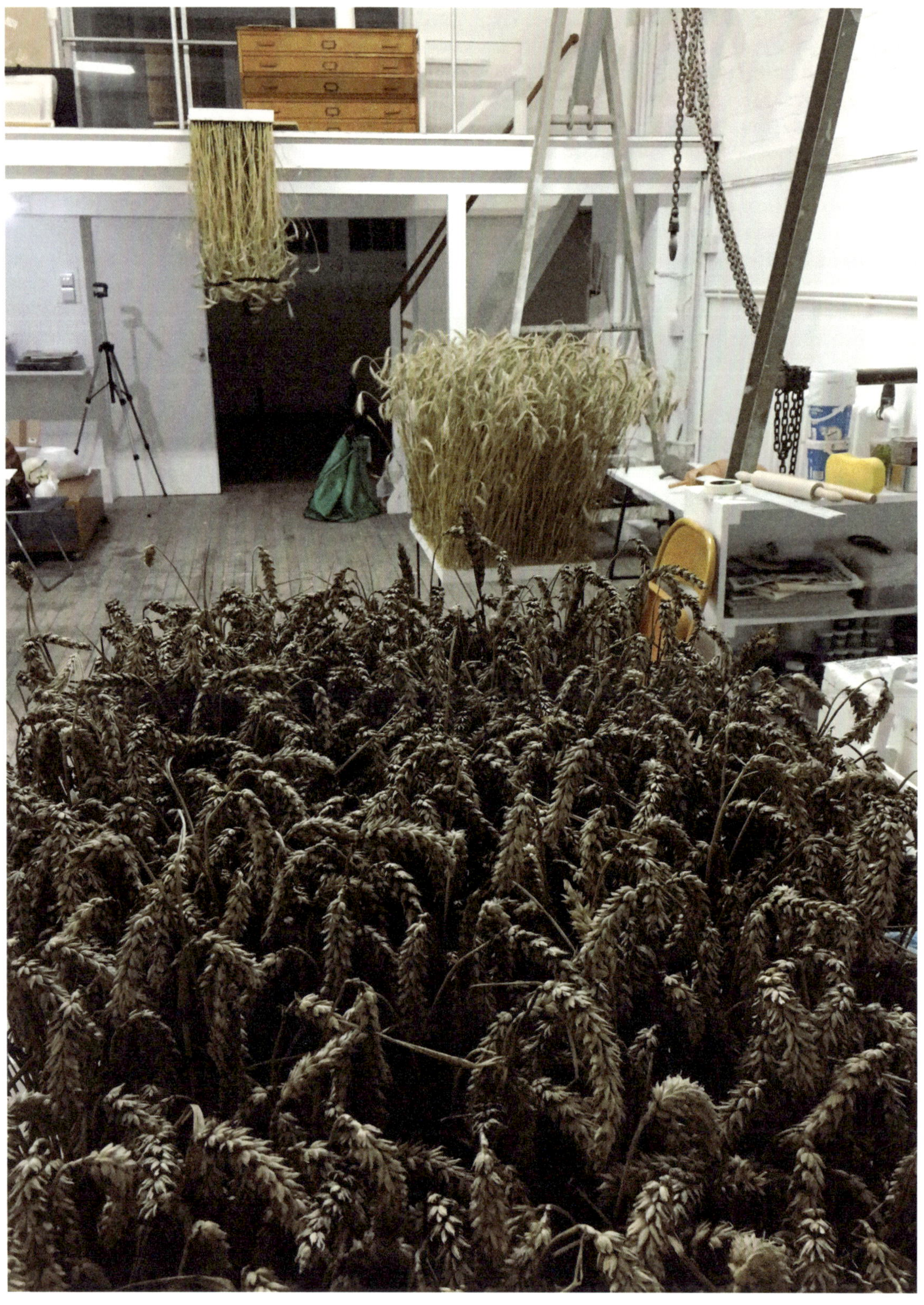

fig.1 Wheat testing, studio Shahpour Pouyan (the Kenneth Armitage Foundation), London, 2021.

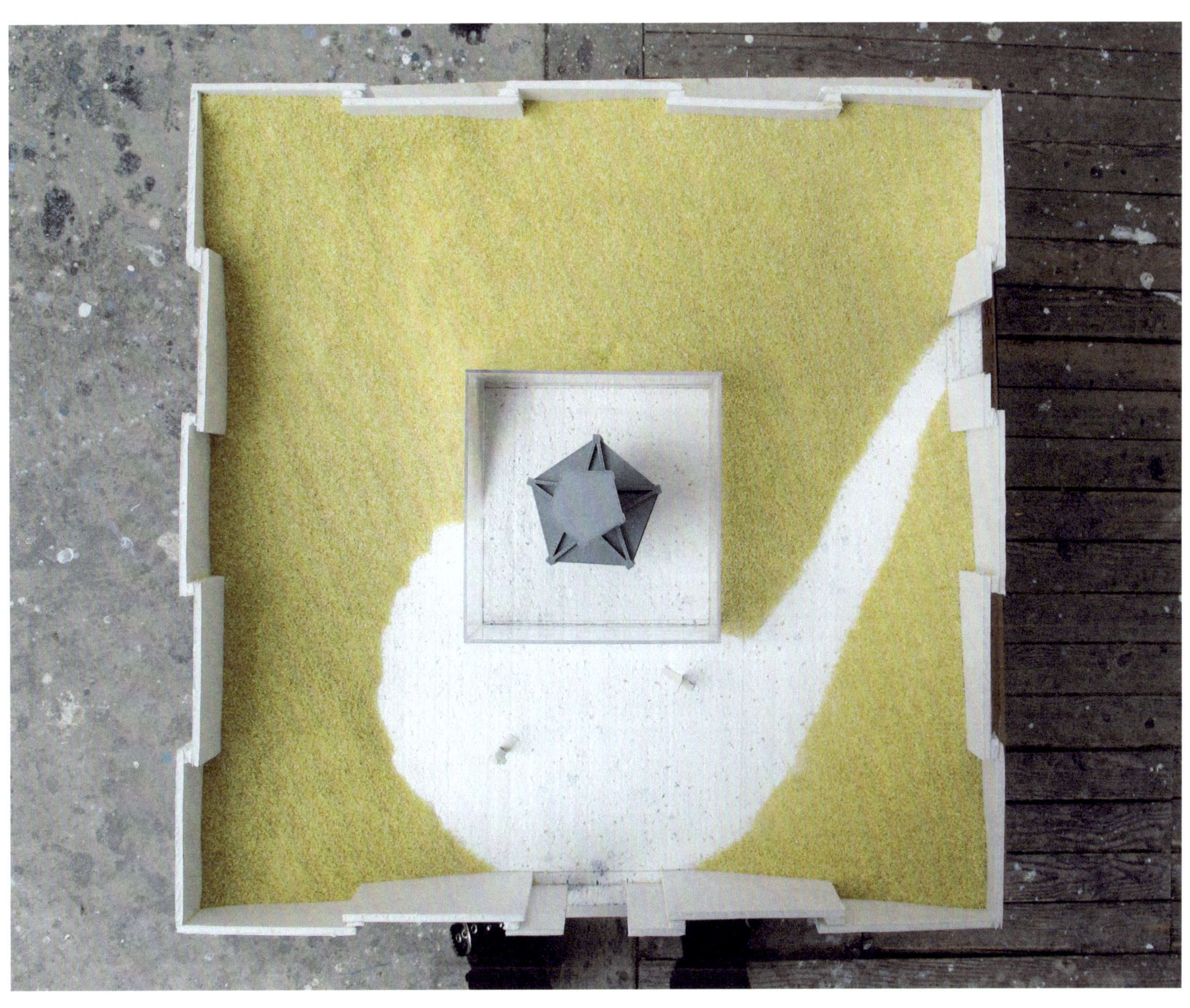

fig.2 Model of *Skyhigh is my place,*
studio Shahpour Pouyan, 2021.

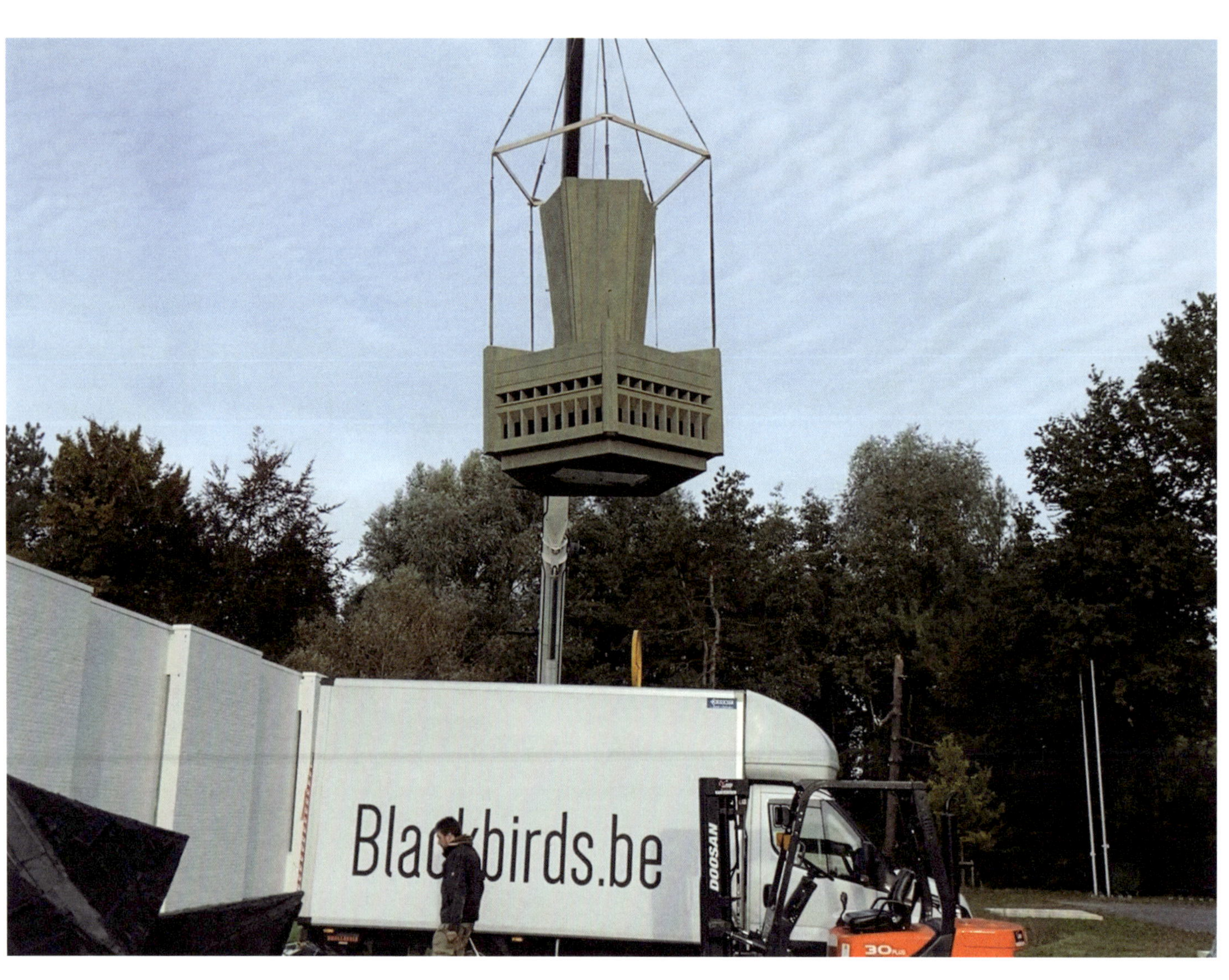

fig.3 Installation *Skyhigh is my place*,
Museum Dhondt-Dhaenens, October 2021.

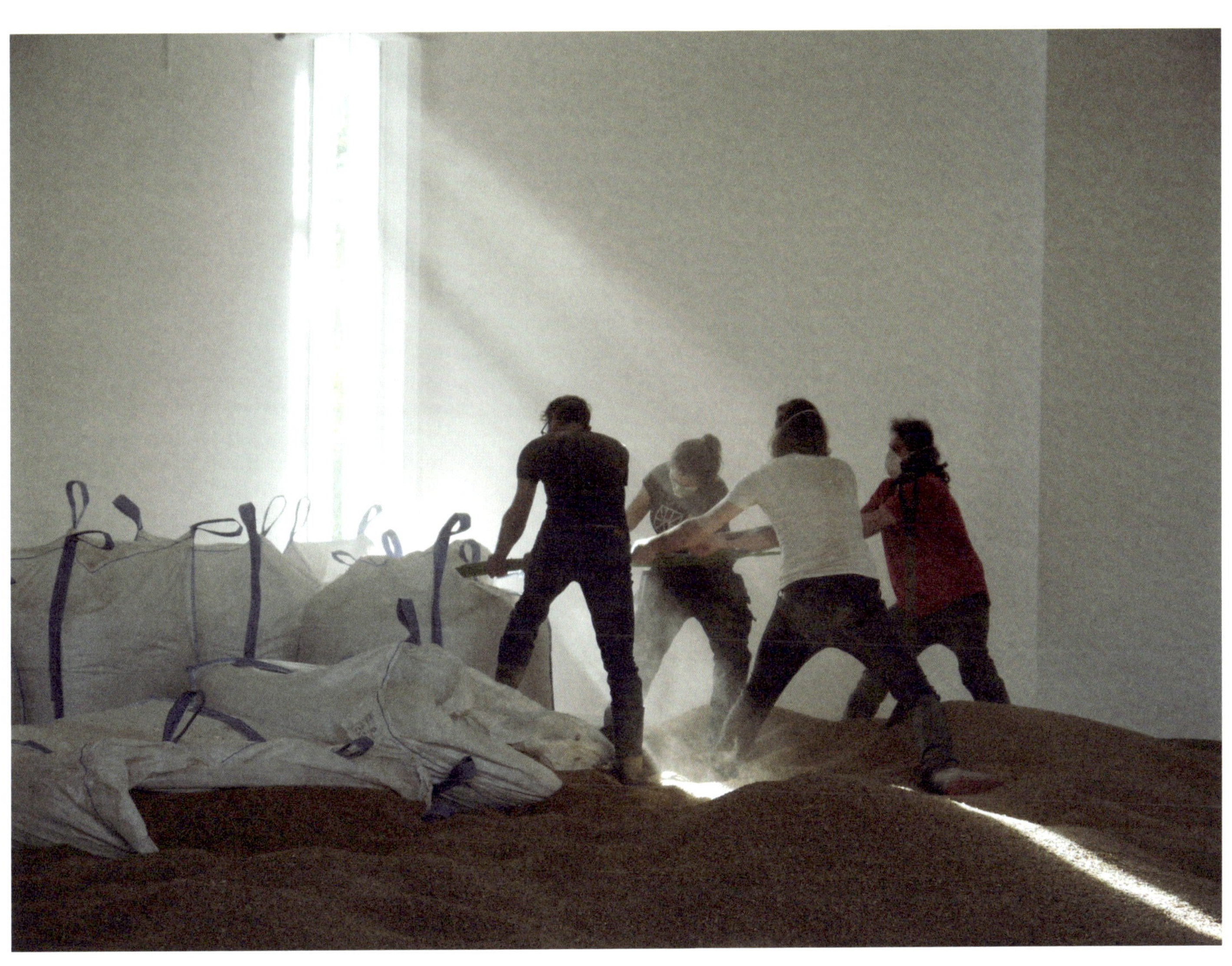

fig.4 MDD's team installing the wheat of *Skyhigh is my place*, November 2021.

INLEIDING
Laurens Otto

Voor de tentoonstelling *Skyhigh is my place* werd de vloer van MDD bedekt met tarwe en werd een militaire controletoren omgekeerd opgehangen, naar beneden wijzend in de patio. De toren en de tarwe lijken ontheemd. Hun aanwezigheid is indrukwekkend, maar hun positie lijkt niet te kloppen – als in een droom op klaarlichte dag. Door deze twee schijnbaar onverenigbare elementen samen te brengen, roept Pouyan de Iraanse revolutie van 1979 op en in het bijzonder de betrokkenheid van zijn eigen vader bij dit historische moment. Het werk verbindt een nationaal hoofdstuk met een persoonlijk hoofdstuk, waarbij de taal van de historische kroniek en de memoire in elkaar overlopen.

Het eerste essay in deze publicatie, van critica en kunsthistorica Media Farzin, analyseert de historische en architectonische achtergronden van *Skyhigh is my place* en plaatst het binnen het bredere oeuvre van Pouyan. Haar essay vertelt het verhaal van de vader van de kunstenaar, en hoe een kortstondige landbouwoperatie op zijn militaire basis in het middelpunt stond van de revolutie van 1979. De teksten doorkruisen de tegenstrijdigheden en complexiteiten van dat moment: een technologische obsessie voor het luchtruim gecombineerd met een patriottische liefde voor het platteland, het vaderland. Farzin leest *Skyhigh is my place* als een "tegenmonument", dat de verstrengeling van geschiedenis, architectuur en herinnering vastlegt zonder het als officieel verhaal te coderen. Zoals Farzin opmerkt, "zijn tegenmonumenten vaak anti-heroïsch, ontheemd, veranderlijk en onderhevig aan omstandigheden." Als gevolg daarvan "kan het onduidelijk zijn wie de acteurs in het verhaal zijn of wat de relatie van de kijker tot het onderwerp zou kunnen zijn." Door afstand te scheppen ten opzichte van de tegenstrijdigheden van de geschiedenis, nodigen tegenmonumenten ons uit om er een plaats in te vinden. *Skyhigh is my place* gaat weliswaar ogenschijnlijk over de relatie van de kunstenaar met de geschiedenis, die van zijn familie en die van Iran, maar opent een ruimte en een niet-vastomlijnde ervaring voor elke bezoeker in het Museum Dhondt-Dhaenens, ongeacht achtergrond of afkomst.

In het tweede deel van deze publicatie gaat kunsthistoricus en vertaler Pepe Karmel in gesprek met Pouyan. Ze bespreken de herinneringen van de kunstenaar aan de betrokkenheid van zijn vader bij de revolutie van 1979 en de relatie van het werk ten opzichte van bredere artistieke en architectonische stromingen. Pouyan gaat in op de religieuze connotaties van tarwe en verbindt de controletoren met de strenge brutalistische gebouwen waarin hij opgroeide en met desolate Middeleeuwse mausolea die hij later tegenkwam. Karmel plaatst *Skyhigh is my place* tegenover de meeslepende werken van Francis Alÿs, de allegorische schilderijen van Philip Guston en het lichtspel in Bernini's *Extase van Theresia*.

Karmel en Pouyan overlopen de invloeden op het werk. De gebeurtenissen waarvan de vader van de kunstenaar deelgenoot was, vormen een aanzet tot de analyse van de algemene historische omstandigheden. Ze beschrijven hoe elke geschiedenis altijd zowel persoonlijk als het resultaat is van de geografische, nationale en religieuze historische lagen waarin wij worden geboren. Karmel en Pouyan leggen de nadruk op de performatieve kwaliteit van bepaalde historische gebeurtenissen en op hun poëtische kracht, die soms zelfs die van imposante kunstwerken kan overtreffen. Het verhaal van de vader die tarwe plant op een militaire basis ten behoeve van een hoger ideaal maakt ook duidelijk dat wat deel uitmaakt van de geschiedenis een organische en ongeorganiseerde oorsprong kan hebben, los van een strak gedefinieerde ideologie. Het belangrijkste dat uit het gesprek naar voren komt, is het besef dat *Skyhigh is my place* niet alleen een verhaal is van utopische dromen, maar dat het moment waarop ze worden verteld, het moment waarop dichters de geschiedenis mythologiseren, in feite het begin inluidt van de ondergang van een keizerrijk. *Skyhigh is my place* is Pouyans eigenste epos.

Met deze interpretaties in het achterhoofd blijft de vraag wat het betekent om een installatie die de Iraanse revolutie belicht, te transplanteren in een museum op het Vlaamse platteland. *Skyhigh is my place* maakt gebruik van zeer symbolische elementen, een verkeerstoren die militaristische en nationalistische fantasieën vertegenwoordigt, en tarwe, een eeuwenoud symbool voor overvloed, leven en vruchtbaarheid. Deze symbolen kunnen fungeren als universele tekens, maar in Pouyans werk dragen ze ook lokale betekenis. In die zin is Pouyans praktijk altijd gegrond in het specifieke en het aardse. Het is veelzeggend dat de kunstenaar erop aandrong plaatselijke tarwe te gebruiken om zijn installatie te realiseren en zo de ervaringen uit zijn jeugd in Isfahan en Teheran verbindt met zijn werk als gevestigd kunstenaar in Deurle. In deze streek haakt de verwijzing naar graan in op de eeuwenoude banden tussen boeren en bierbrouwers. *Skyhigh is my place* wordt dus verder synoniem met gastvrijheid en gezelligheid en met dronkenschap – zowel van idealisme als van feestvreugde. De graankorrels bedden *Skyhigh is my place* in in een lange traditie in de Lage Landen om boeren aan het werk af te beelden en om de vruchten van hun arbeid te vieren.

Pouyan is zich er terdege van bewust dat het Museum Dhondt-Dhaenens in een streek ligt die van het einde van de negentiende tot het midden van de twintigste eeuw een uitgelezen plek was voor generaties schilders die de

INTRODUCTION
Laurens Otto

Wheat covers the floor of MDD during Shahpour Pouyan's exhibition *Skyhigh is my place*, and a military control tower is hung upside down, pointing downwards to the patio. The tower and the wheat seem out of place. They have a commanding presence, but their position seems off – as in a lucid dream. By uniting these two seemingly disparate elements, Pouyan summons the Iranian revolution of 1979, and specifically his own father's engagement with this historic moment. The work thus connects a national chapter to a personal one, collapsing the languages of the historical chronicle and the memoir.

The first essay in this publication, by critic and art historian Media Farzin, analyses the historic and architectural underpinnings of *Skyhigh is my place*, placing it within Pouyan's wider oeuvre. Her essay recounts the story of the artist's father, and how a short-lived farming operation at his military base stood at the centre of the 1979 revolution. The texts wades trough the contradictions and complexities of that moment: a technological obsession with airspace combined with patriotic infatuations for rural land, the fatherland. Farzin reads *Skyhigh is my place* as a "counter-monument," which captures the entanglement of history, architecture, and memory without solidifying it as an official narrative. As Farzin observes, "counter-monuments are often anti-heroic, dislocated, contingent, and changeable." As a result, "it can be unclear who the actors in the story are or what the viewers' relationship to the subject might be." By creating a distance towards history's contradictions, counter-monuments invite us to find a place within them. As such, *Skyhigh is my place*, while ostensibly about the artist's relation to history, that of his family and Iran, opens up an unscripted space and experience for the spectator at Museum Dhondt-Dhaenens, regardless of background or origin.

The second part of this publication brings art historian and translator Pepe Karmel in conversation with Pouyan. They discuss the artist's recollections of his father's involvement in the 1979 revolution and the work's relation to wider artistic and architectural movements. Pouyan explains the religious connotations of the wheat and links the control tower to the austere brutalist buildings in which he grew up as well as to the desolate Medieval mausoleums he encountered later on. Karmel, in turn, contrasts *Skyhigh is my place* to the sweeping works of Francis Alÿs, the allegoric paintings of Philip Guston, and the light-play in Bernini's *Ecstasy of Saint Theresa*.

Going through the influences of the work, Karmel and Pouyan distil the wider historic conditions from the events in which the artist's father participated. They detail how each history is always simultaneously personal and a result of the geographic, national, and religious historic strata that we are born into. They emphasise the performativity of certain historic events, and their poetic force, which can, at times, exceed that of even powerful artworks. The story of the father planting wheat on a military base for a higher ideal also shows that what enters history can have an organic and disorganised origin, besides any neatly defined ideology. Most importantly, from the conversation emanates the realisation that *Skyhigh is my place* is not only a tale of utopian dreams, but that the moment when they are recounted, when poets mythologise history, is in fact the start of an empire's demise. *Skyhigh is my place* is Pouyan's own epic.

With these interpretations in mind, the question remains of what it means to transplant an installation that muses on Iran's revolution inside a museum in the Flemish countryside. *Skyhigh is my place* employs highly symbolic elements, a control tower representing militaristic and nationalist fantasies, and wheat, an age-old symbol for abundance, life, and fertility. These symbols may act as universal tokens, but in Pouyan's work they carry local meanings as well. In this sense, Pouyan's practice is always grounded in the specific and the earth-bound. Significantly, the artist insisted on sourcing local wheats to realise his installation, thereby connecting his experiences growing up in Isfahan and Tehran, and working as a confirmed artist in Deurle. In this region, the reference to grain taps into ancestral alliances between farmers and beer brewers. *Skyhigh is my place* thus further becomes synonymous with hospitality and conviviality, and with intoxication – whether from idealism or revelry. The grain embeds *Skyhigh is my place* in a long tradition in the Low Countries of depicting farmers at work, and of celebrating the fruits of their labour.

Pouyan is well aware that Museum Dhondt-Dhaenens sits in a region that was a prime locus for generations of painters, from the late nineteenth century to the mid-twentieth century, who descended upon the Leie river in search of a pittoresque depiction – becoming more realistic later on – of peasant life. In his early days, the museum's co-founder Jules Dhondt bought and sold potatoes. Together with his wife Irma, he built the museum's founding collection with works made by the so-called Latemse School painters, many of whom explicitly dealt with the landscape as mediated by agriculture. Albert Servaes's *Aardappeloogst [Potato Harvest]* from 1928 [fig.5], for example, depicts patato farmers against an unarticulated background of cosmic proportions. In Constant Permeke's *Het gouden landschap [The Golden Landscape]* from 1935 [fig.6], the rough brushstrokes create a boundless landscape. For Gustave Van de Woestijne, portraying farmers

Leie afstruinden op zoek naar een pittoresk en later een meer een realistische weergave van het boerenbestaan. Jules Dhondt, de medeoprichter van het museum, kocht en verkocht in zijn beginjaren aardappelen. Samen met zijn vrouw Irma bouwde hij aan de stichtingscollectie van het museum met werken van schilders van de Latemse School, van wie velen zich expliciet bezighielden met het landschap zoals dat door landbouw gevormd werd. *Aardappeloogst* van Albert Servaes uit 1928 [fig.5] bijvoorbeeld toont aardappelboeren tegen een ongearticuleerde achtergrond van kosmische proporties. In *Het gouden landschap* van Constant Permeke uit 1935 [fig.6] scheppen de ruwe penseelstreken een grenzeloos landschap. Voor Gustave Van de Woestijne was het afbeelden van boeren, zoals de figuur van *Boer Kerckhove* (1910) [fig.7], een manier om hun fysieke en psychologische kracht als canvas te gebruiken.

Van de Woestijne en zijn tijdgenoten maten de impact van de landbouwtechnologie op het landschap en probeerden door middel van hun schilderkunst een bedreigde natuur te vereeuwigen. Wat betreft *Skyhigh is my place* zou het onjuist zijn om de 'technologische' controletoren tegenover de 'natuurlijke' tarwe te plaatsen. De tarwe van vandaag is in feite een hoogtechnologisch, geraffineerd, verbeterd, bemest supergewas. Dit is geen *Wheatfield – A Confrontation* (1982) [fig.8], waarin de kunstenares Agnes Denes vier maanden lang tarwe verbouwt op een stuk grond naast Manhattan onder de Twin Towers. Volledig passend binnen het humanitarisme van de jaren 1980 werd het geoogste graan vervolgens verdeeld in achtentwintig steden in een poging om een einde te maken aan de "honger in de wereld". *Skyhigh is my place* van Pouyan negeert zeker niet de specificiteit van het gewas als geavanceerde monocultuur en zijn rol in mondiale economische systemen, maar richt in plaats van een generiek gebaar een hyperlokaal tegenmonument op. Het zet het patriarchaat op zijn kop en vervangt de gouden velden van vroegere schilderijen door hopen graan, als wallen tegen een vijand die zich binnenin bevindt.

Hoewel Pouyan grootse symbolen op monumentale schaal gebruikt, is het door de specifieke en lokale verankering van deze elementen dat zij hun universele kracht en poëtische impuls bereiken. *Skyhigh is my place* laat zien dat wat universeel is, alleen zeer specifiek kan zijn.

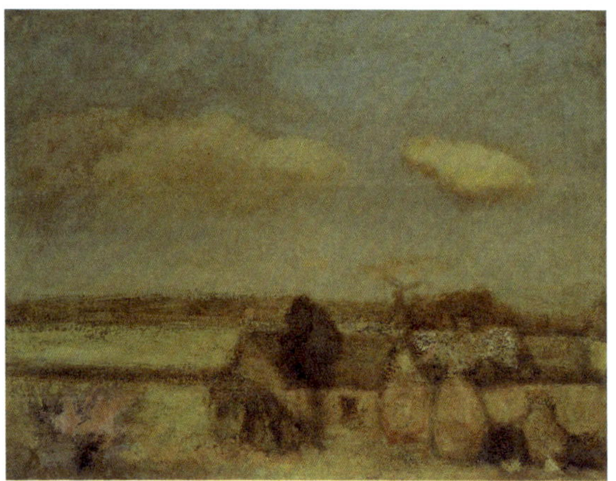

fig.5 Albert Servaes, *Aardappeloogst* [*Potato Harvest*], 1928, oil on canvas, 78 × 93 cm. Collection Museum Dhondt-Dhaenens.

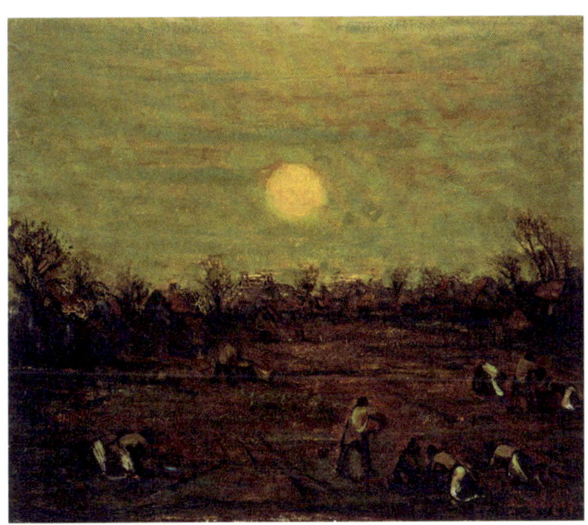

fig.6 Constant Permeke, *Het gouden landschap* [*The Golden Landscape*], 1935, oil on canvas, 100 × 130 cm. Collection Museum Dhondt-Dhaenens.

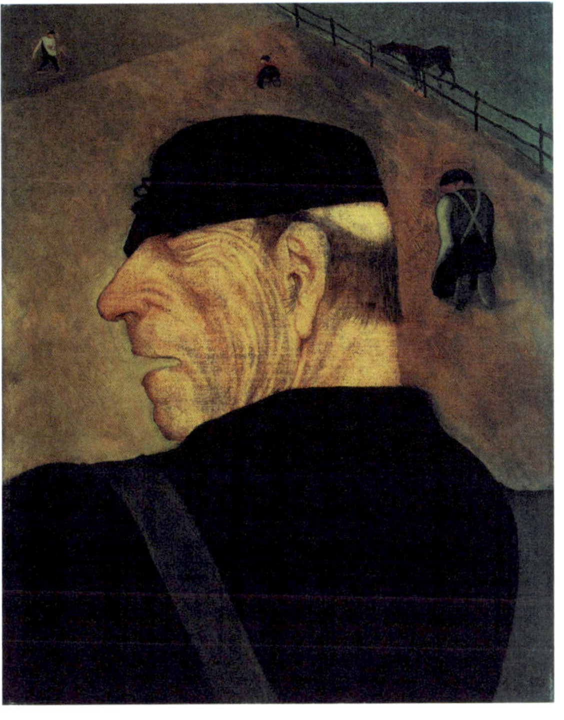

fig.7 Gustave Van de Woestijne, *Boer Kerckhove* [*Farmer Kerkhove*], 1910, oil on canvas, 50 × 40 cm. Collection Museum Dhondt-Dhaenens.

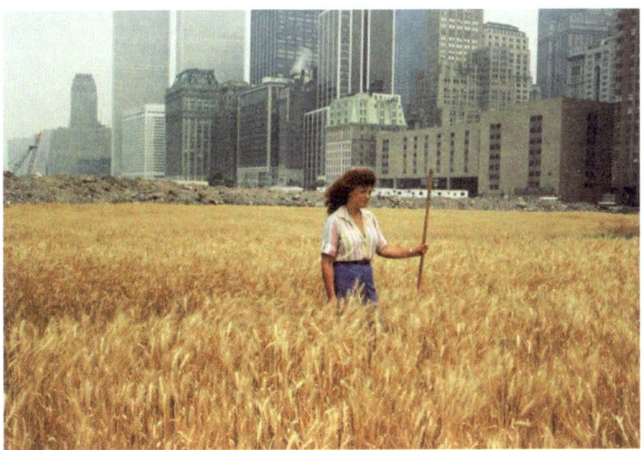

fig.8 Agnes Denes, *Wheatfield – A Confrontation: Battery Park Landfill*, Manhattan, with Agnes Denes standing in the field, 1982.

such as the figure of *Boer Kerckhove [Farmer Kerkhove]* (1910) [fig.7] was a way of projecting onto their physical and psychological strength.

Van de Woestijne and his peers measured the impact of agricultural technology on the landscape, attempting through their painting to memorialise a nature under threat. In *Skyhigh is my place*, it would be erroneous to juxtapose the "technological" control tower with the "natural" wheats. Today's wheats are in fact highly technological, refined, enhanced, fertilised super crops. This is no *Wheatfield – A Confrontation* (1982) [fig.8], with the artist Agnes Denes growing wheat for four months on a plot of land next to Manhattan below the Twin Towers. Fully inscribed within 1980's humanitarianism, the harvested grains were then distributed in twenty-eight cities in attempt to end 'world hunger'. Far from disregarding the specificity of the crop as advanced monoculture and its role in global economic systems, Pouyan's *Skyhigh is my place* erects a hyper local counter-monument. It puts patriarchy on its head, replacing the golden fields of earlier paintings to heaps of grain, like ramparts against an enemy from within.

Although Pouyan deploys grand symbols on a monumental scale, it is only through the specific and local entrenchment of these elements that they attain their universal force and poetic impulse. *Skyhigh is my place* shows that what is universal can only be highly specific.

Shahpour Pouyan, *Skyhigh is my place*, 2021–2022. Museum Dhondt-Dhaenens, Deurle. Courtesy of the artist; Galerie Nathalie Obadia, Paris/Brussels; Copperfield, London; Lawrie Shabibi, Dubai.

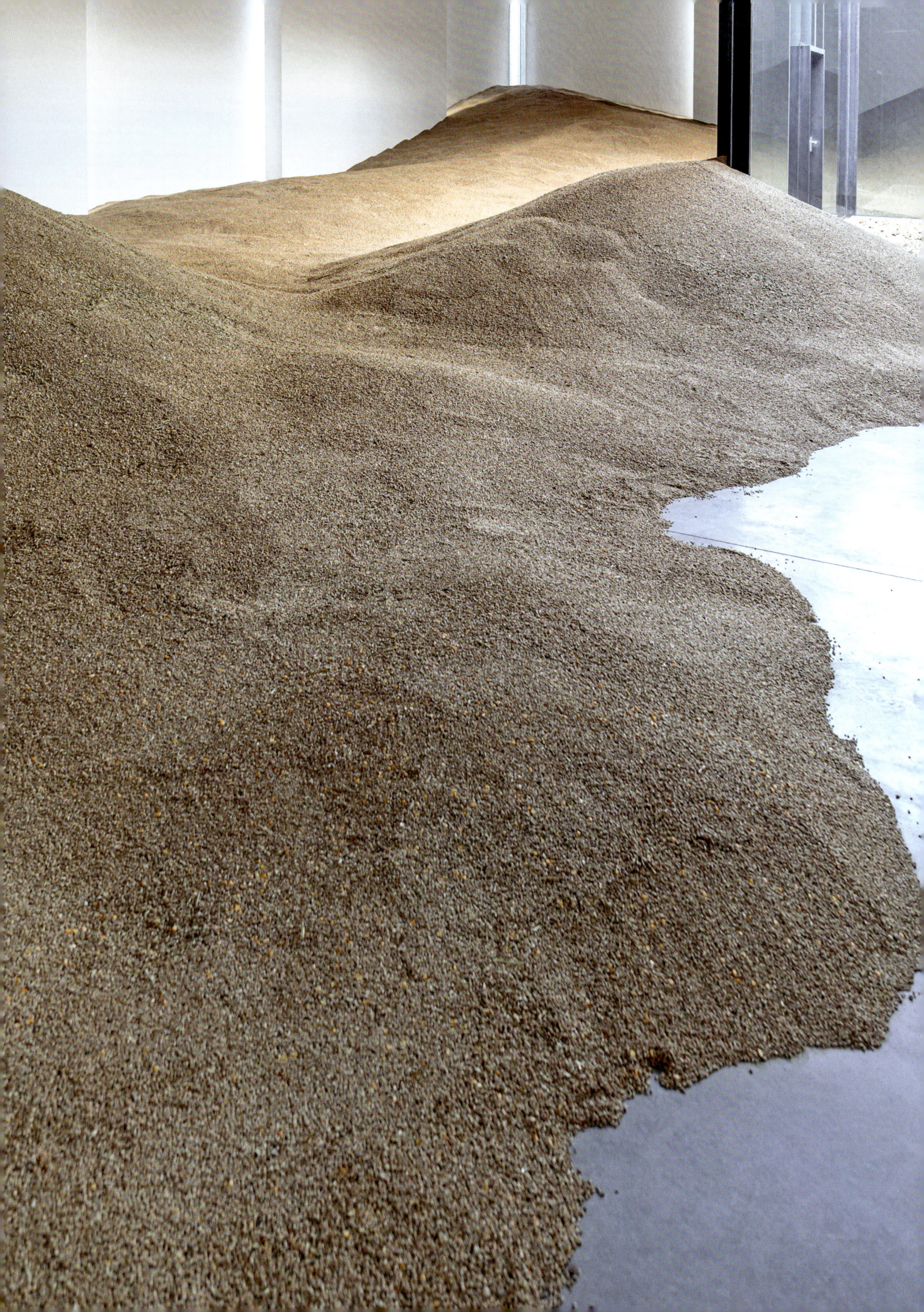

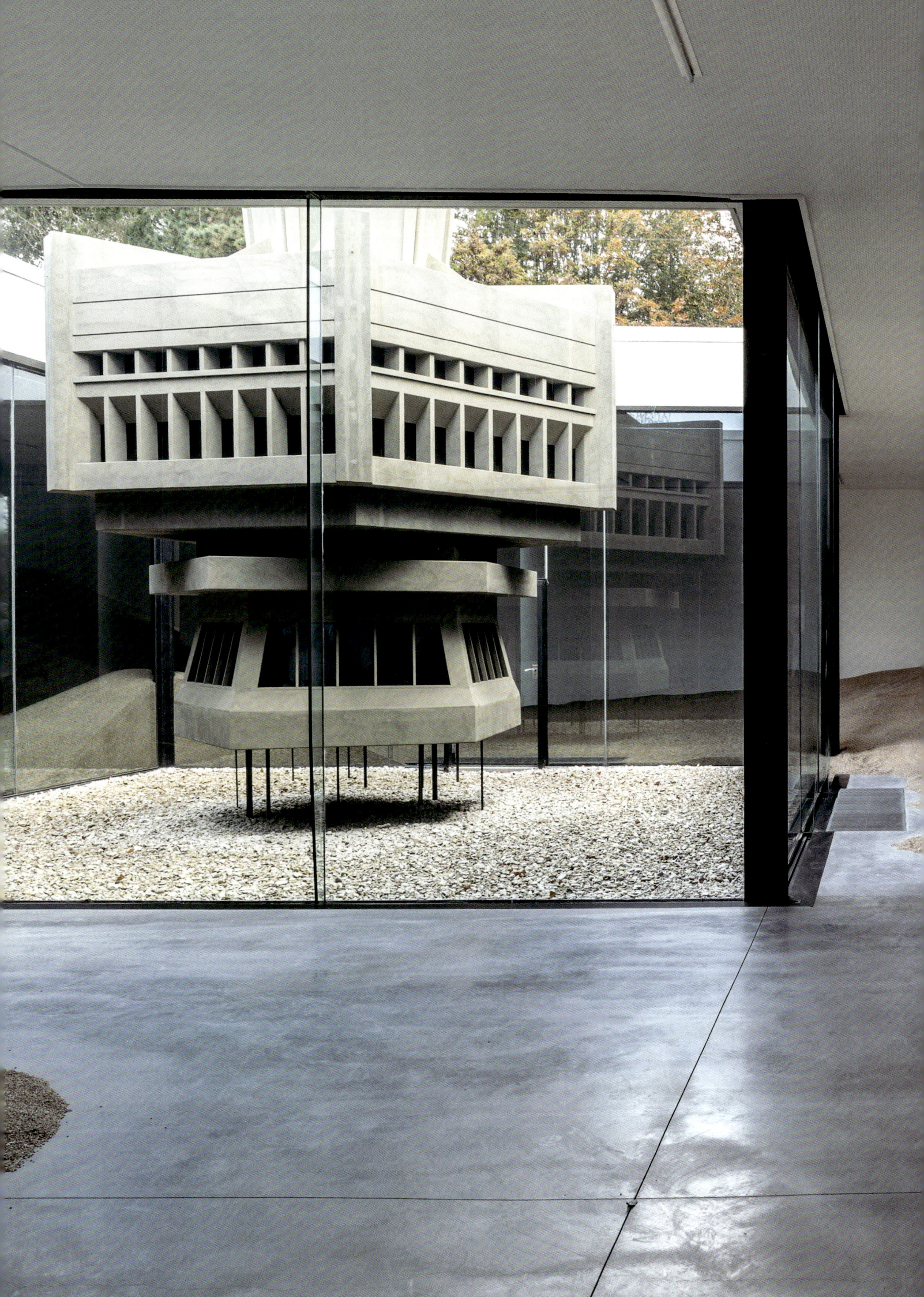

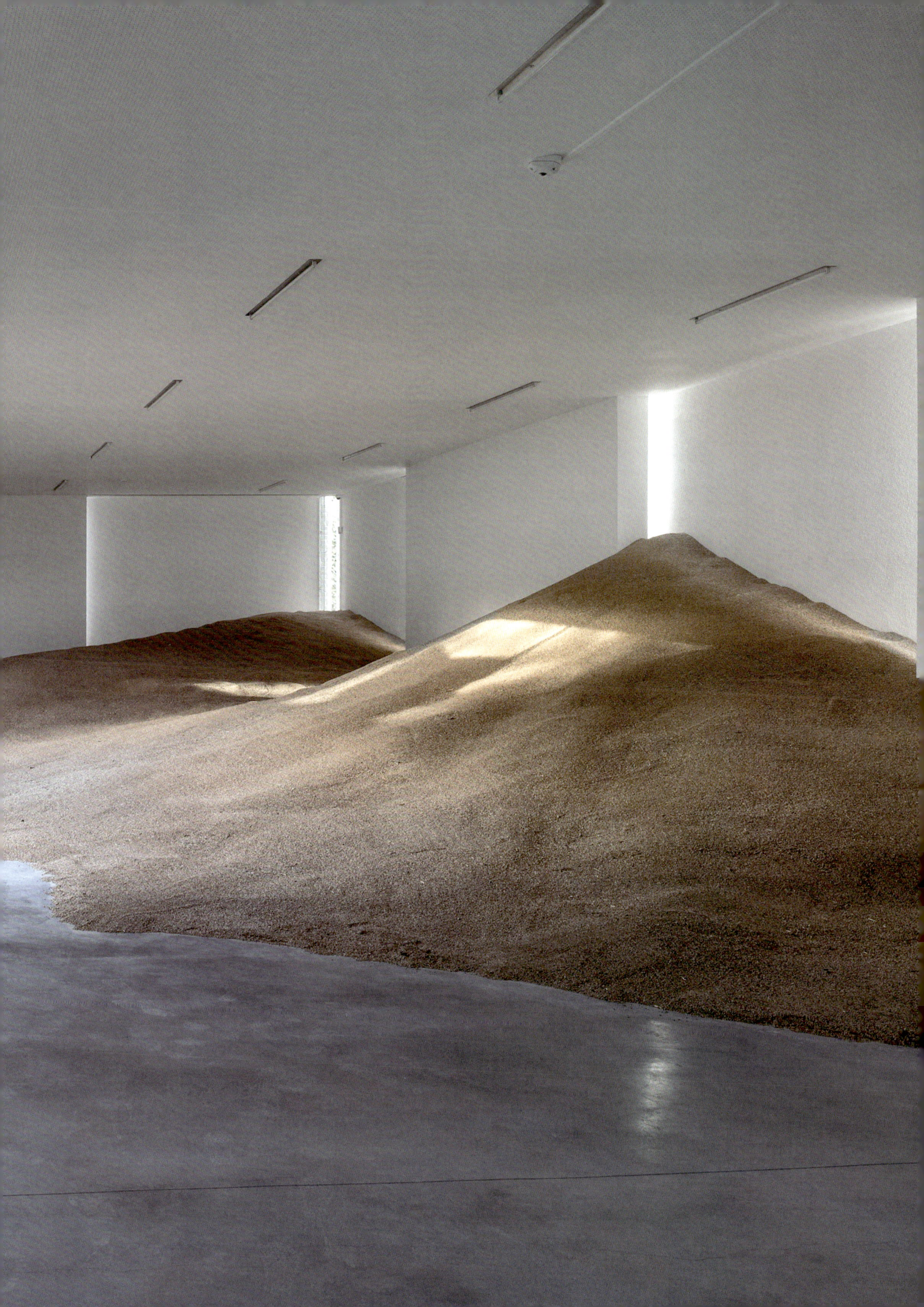

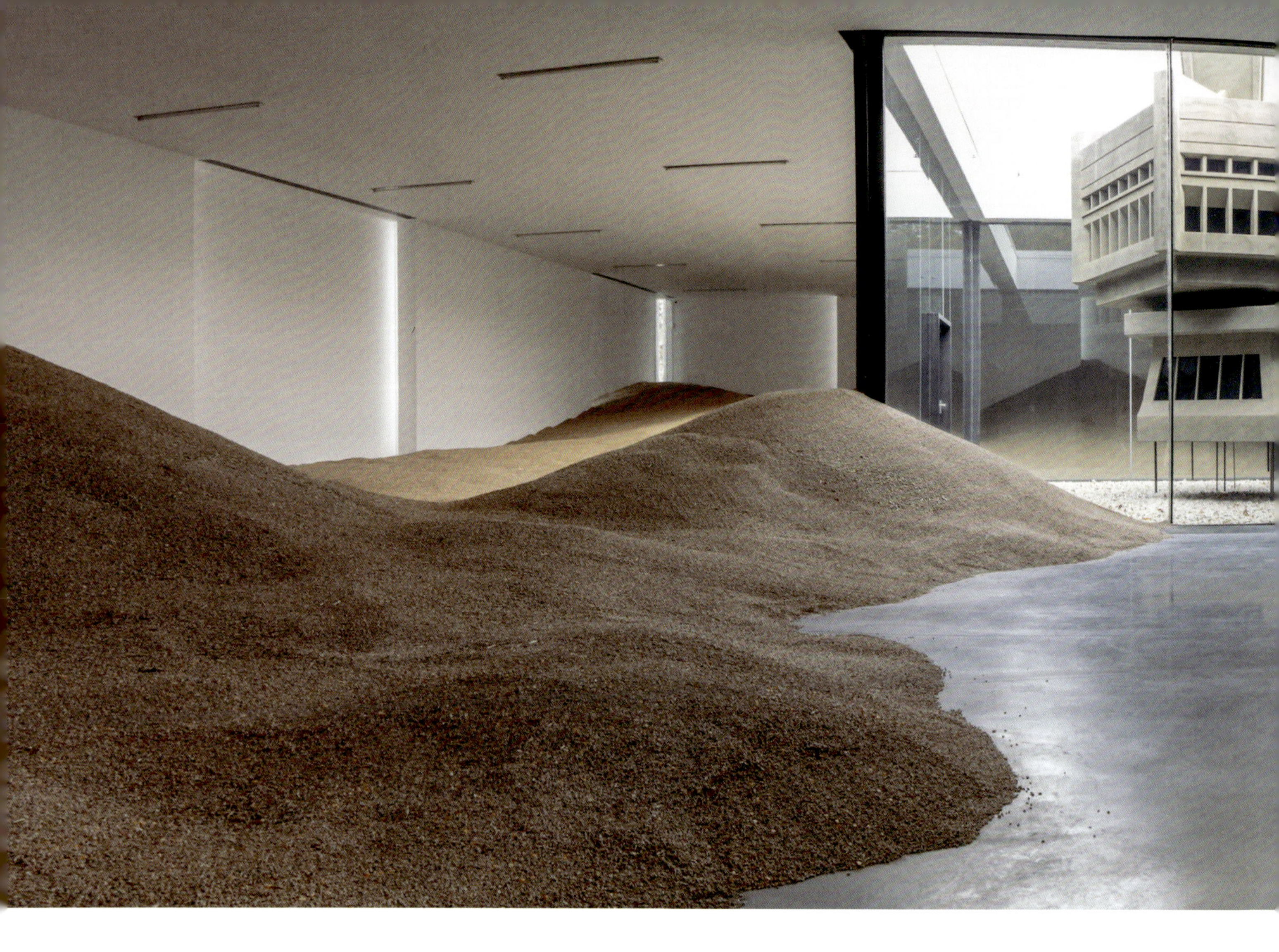

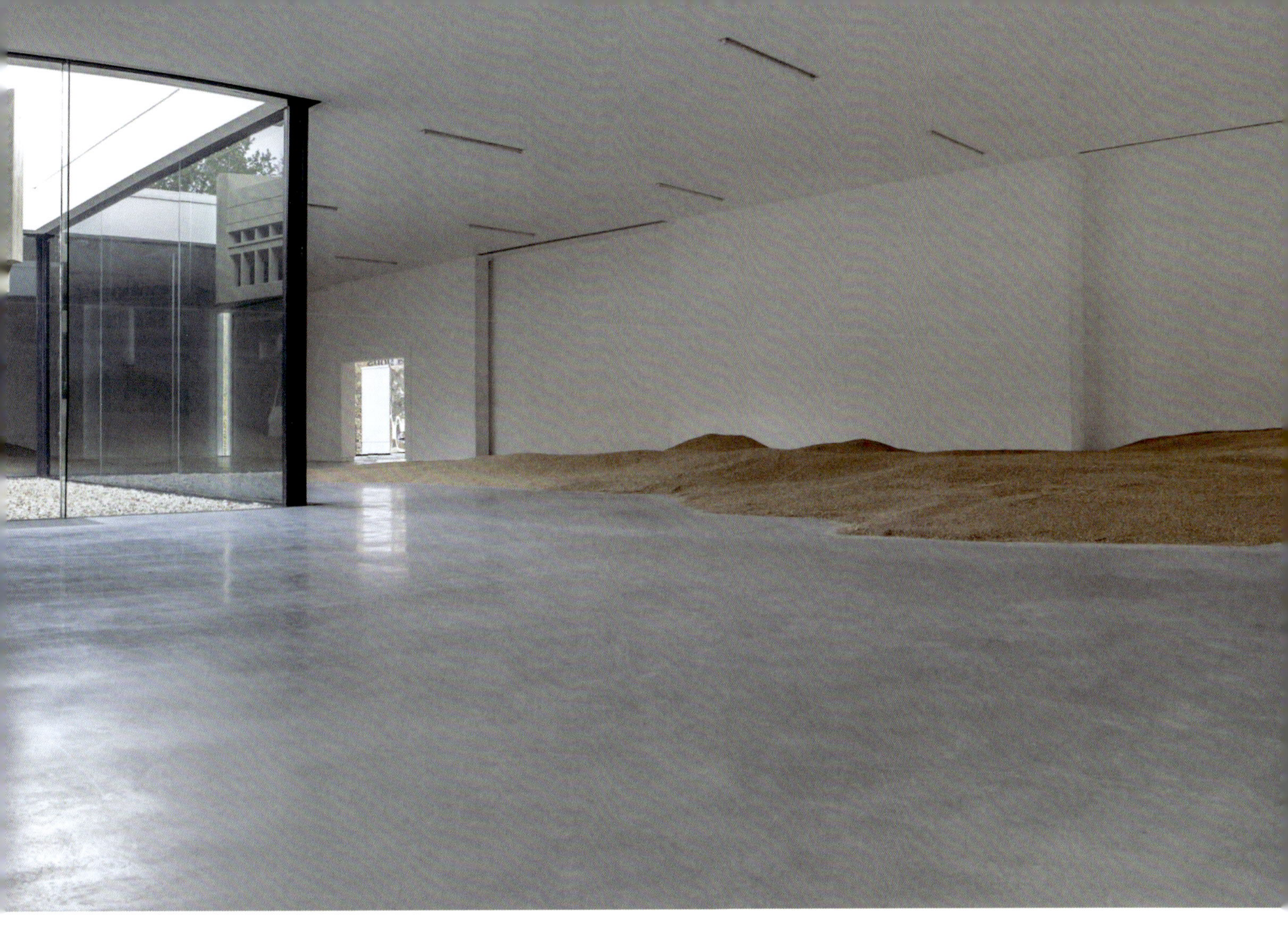

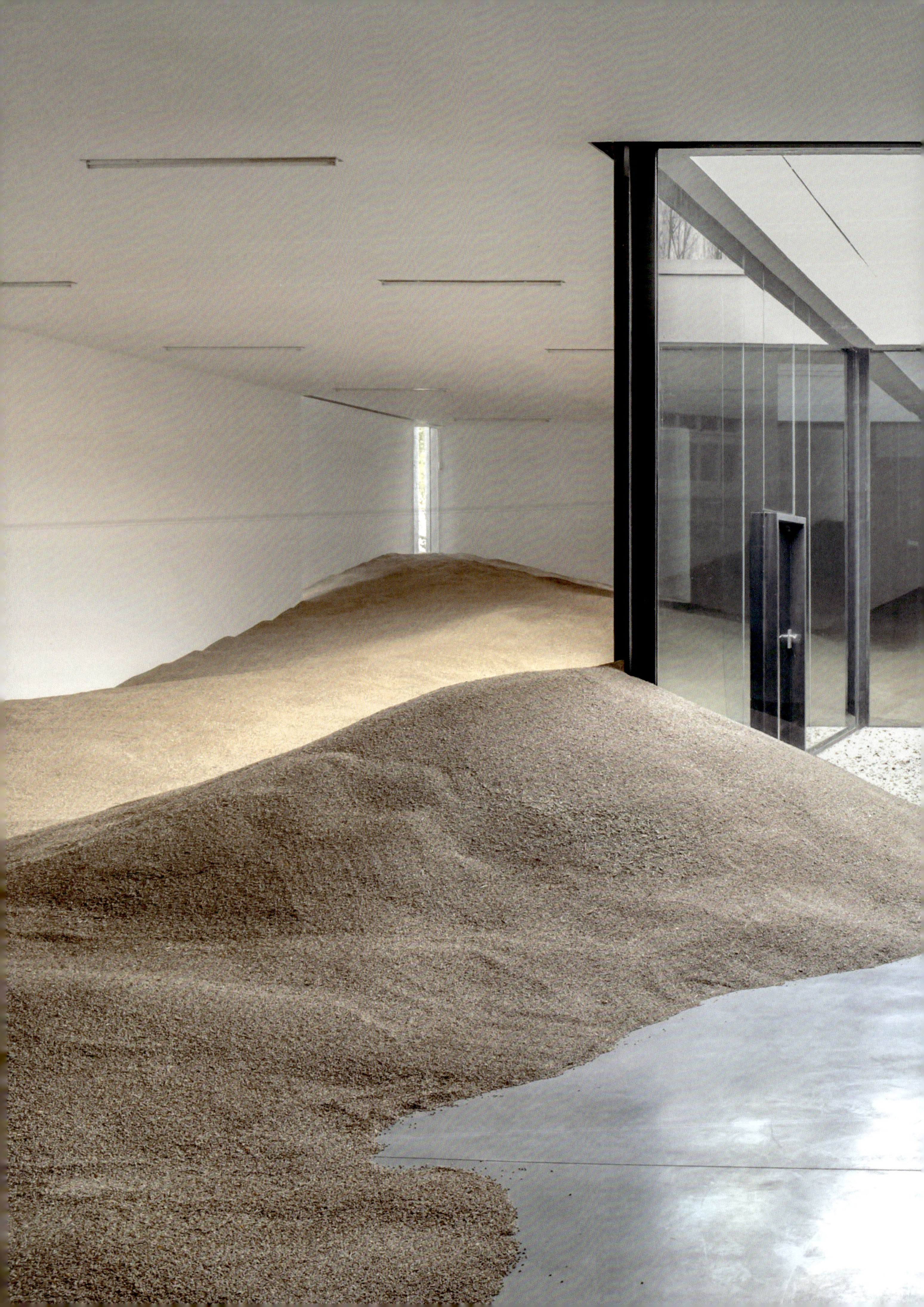

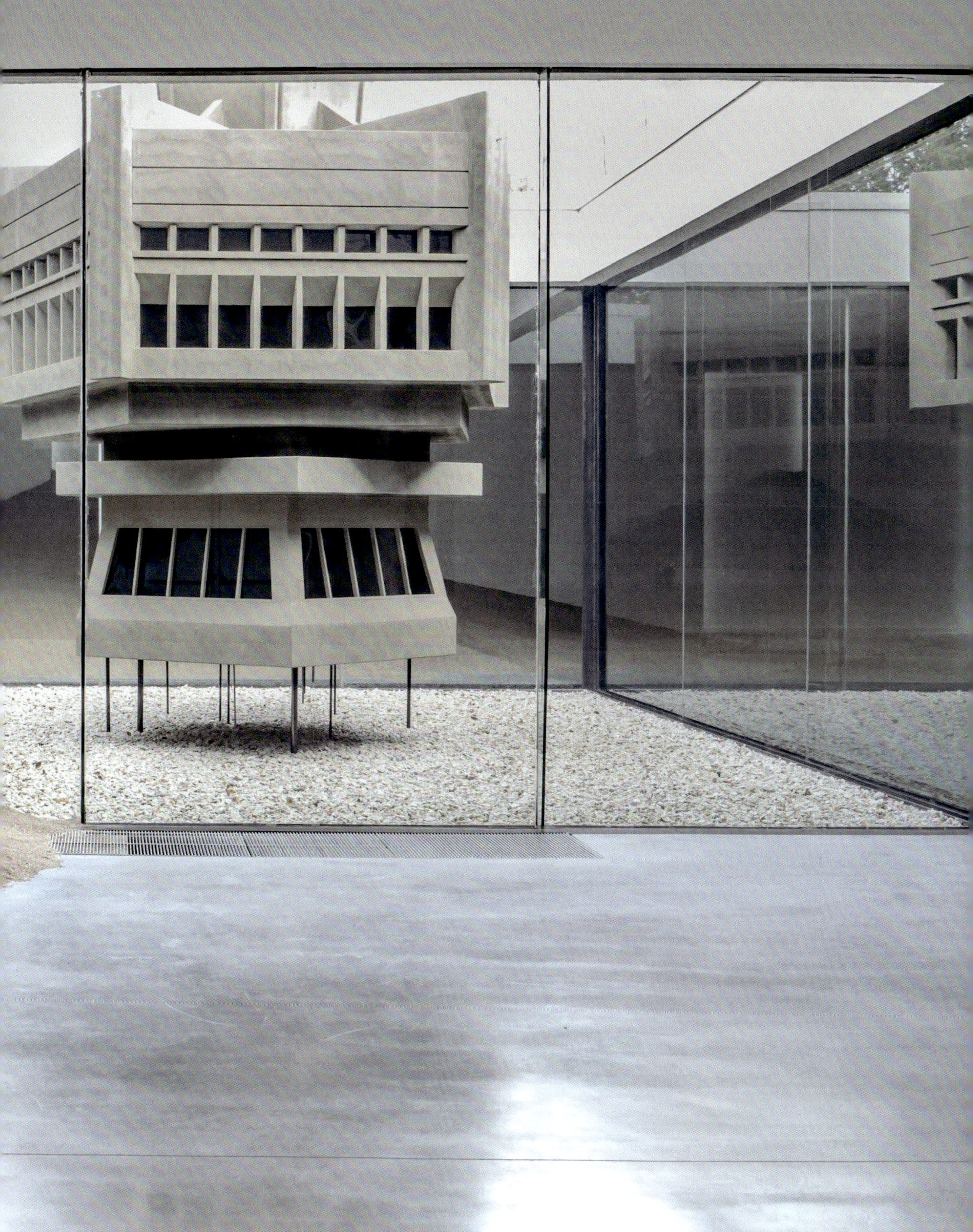

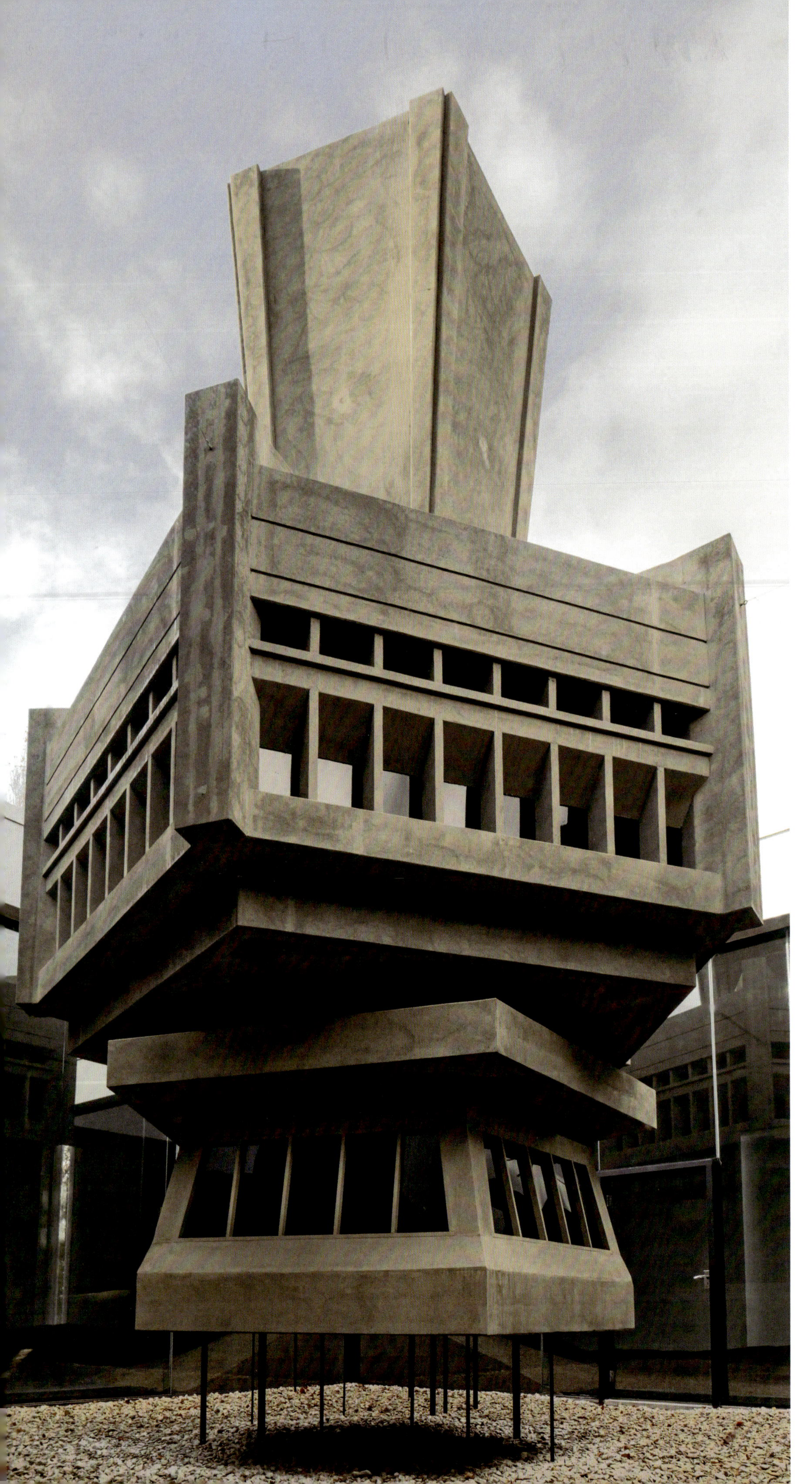

THE HIGHEST OF SKIES
Media Farzin

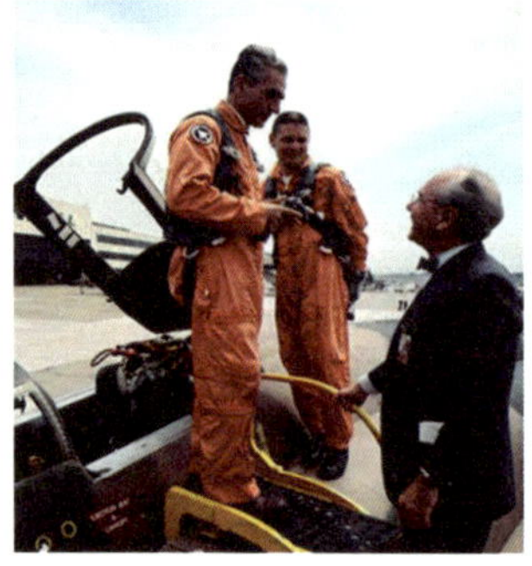

fig.9

'Mohammad Reza Shah Pahlavi is seen here testing American fighter jets prior to his arms deal with the US in the early 1970s. Imperial Iran had one of the largest military budgets in the world during the 1970s. The king of Iran was a pilot, and liked to test the fighter jets himself.'

"Mohammad Reza Sjah Pahlavi test hier Amerikaanse gevechtsvliegtuigen in het begin van de jaren zeventig, voorafgaand aan zijn wapendeal met de VS. Het Keizerrijk Iran had een van de grootste militaire budgetten in de wereld in de jaren 1970. De koning van Iran was zelf ook een piloot en testte graag de straaljagers."

Shahpour Pouyan groeide op op een militaire basis ten oosten van Isfahan, een legendarische stad op de vlaktes van centraal Iran. De basis, die grenst aan een internationale luchthaven, werd eind jaren zeventig gebouwd als hub voor de F14-opleiding in het land. De sjah, die zelf piloot was, gaf veel geld uit aan defensie en zijn leger was naar verluidt het op vier na grootste ter wereld. [fig.9] De vader van Pouyan was een *homafar*, een niet-militair technisch expert die dienst nam in de Iraanse keizerlijke luchtmacht, opgeleid in de VS om elitebommenwerpers te ondersteunen.

Zijn vader was een felle nationalist en toen de politieke onvrede uitbrak in de Iraanse steden, voelde hij de noodzaak zich bij de menigte aan te sluiten. Veel *homafars*, die lange tijd als tweederangsburgers werden beschouwd door het keizerlijke leger waarin zij dienden, hadden zich al vroeg bij de opstand aangesloten. Zij hadden er genoeg van buitengesloten te worden uit de vastgeroeste hiërarchieën van de militaire rangen, waarin hun loyaliteit altijd verdacht was, ook al kon de luchtmacht, die steeds afhankelijker werd van geavanceerde wapensystemen, niet functioneren zonder hun technische deskundigheid – wat tot uiting kwam in hun hoge salarissen, maar in tegenspraak was met hun ondergeschikte positie in de commandostructuur. Na de revolutie, toen officieren en dienstplichtigen de basis ontvluchtten, bleek *Sar-Homafar* Pouyan de meest geschikte man te zijn om de prestigieuze opleidingsschool op de Khatami-luchtmachtbasis van Isfahan te leiden.

Een paar jaar geleden vertelde Pouyans vader hem een verhaal dat blijvende indruk op hem maakte. Begin 1979 had hij zich aangesloten bij een ongewoon collectief project. Zelfvoorziening was een grondbeginsel van de revolutie en het land had een tekort aan voedsel. Een groep mannen op de basis, waaronder Pouyans vader, besloot de zaak te helpen door hun eigen tarwe te planten. Zij begonnen op lege percelen tussen de vliegvelden en de gebouwen en bewerkten de velden vroeg in de ochtend. Al snel verplaatsten ze zich naar het kale land rond het complex. "Dit waren goed opgeleide mannen – ingenieurs, piloten", vertelt Pouyan. "Mijn vader reed naar de velden in zijn gloednieuwe Chevrolet."

Ondanks de dorheid kent het gebied een lange geschiedenis van droge landbouw, ondersteund door oude ondergrondse watersystemen, en de basis produceerde een fatsoenlijke oogst dat eerste jaar. Verscheidene vrijwilligers zouden later toetreden tot de 'Jihad van de Wederopbouw', een activistische organisatie die zich toelegde op het verschaffen van essentiële infrastructuur alsmede financiële, educatieve en landbouwkundige bijstand in plattelandsgebieden. Het landbouwproject is wellicht geïnspireerd door een bezielende televisietoespraak van Khomeini in juni 1979, waarin hij de natie opriep tot wederopbouw

THE HIGHEST OF SKIES
Media Farzin

Shahpour Pouyan grew up on a military base east of Isfahan, a storied city that lies on the flat planes of central Iran. The base, which flanks an international airport, had been built in the late 1970s as the hub of F14 training in the country. The Shah, a pilot himself, was a lavish military spender, and his defence forces were reported to be the fifth largest in the world. [fig.9] Pouyan's father was a *homafar*, a non-military, enlisted technical expert in the Iranian Imperial Air Force, trained in the US to support elite bomber jets.

The elder Pouyan was a fierce nationalist, and when political discontent swept Iranian cities, he was compelled to join the crowds. Many *homafars*, long held to be second-class citizens by the Imperial military they served, had joined the rebellion early on. They were tired of being shut out of the entrenched hierarchies of military rank, their loyalty always suspect, even as the air force, increasingly reliant on advanced weapons systems, could not function without their technical expertise – a fact reflected in their high salaries, but contradicted by their subordinate position in the chain of command. After the revolution, as officers and conscripts fled the base, *Sar-Homafar* Pouyan turned out to be the most qualified man to head the prestigious training school at Isfahan's Khatami Air Base.

A few years ago, Pouyan's father told him a story that made a lasting impression. In early 1979, he had joined an unusual collective project. Self-sufficiency was a key principle of the Revolution, and the country was running low on food. A group of men on the base, Pouyan's father among them, decided to help the cause by planting their own wheat. They started on empty plots between the air strips and buildings, working the fields early in the morning. Soon, they were moving out to the bare lands surrounding the complex. 'These were educated men – engineers, pilots,' Pouyan tells me. 'My dad drove out to the fields in his brand-new Chevy.'

Despite its aridity, the area has a long history of dry farming supported by ancient underground water systems, and the base produced a respectable crop that first year. Several of the volunteers would go on to join the "Reconstruction Jihad," an activist organisation dedicated to providing key infrastructure as well as financial, educational, and agricultural assistance in rural areas. The farming project may have been inspired by a rousing televised speech given by Khomeini in June 1979, rallying the nation towards reconstruction – "all together," he stressed repeatedly (*hameh ba ham*) – and announcing the organisation that would spearhead the efforts. The Reconstruction Jihad would merge two decades later with the Ministry of Agriculture, whose logo now includes the iconic "all together" slogan, and a schematic sickle and sheaf of wheat. [fig.10,11]

fig.10

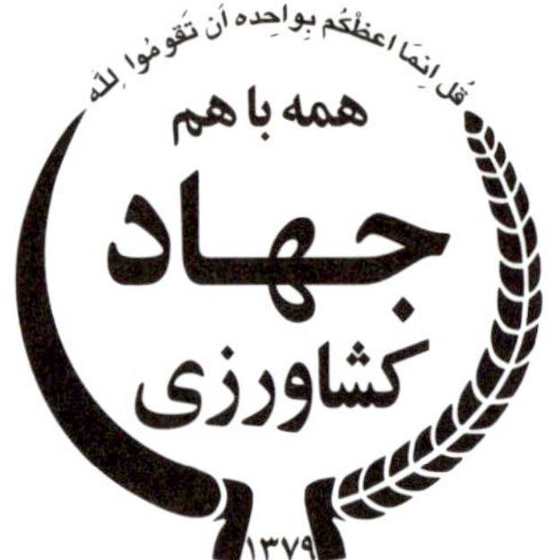

'The Reconstruction Jihad logo contains a sickle and branch of wheat, and a verse from the Quran. The Persian text reads: "All together, Reconstruction Jihad".'

"Het logo van Jihad van de Wederopbouw bevat een sikkel, een korenhalm en een vers uit de Koran. De Perzische tekst luidt: 'Allen samen, Jihad van de Wederopbouw'."

fig.11

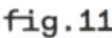

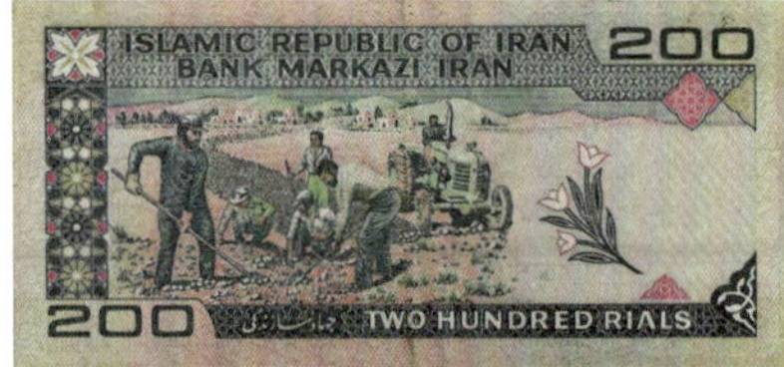

'A 200 rials note from the early 1980s, issued by the Central Bank of the Islamic Republic of Iran. The image depicts "Reconstruction Jihad" staff working on a road project. One important phase of the movement was to build roads to connect villages to cities. The organisation began as a movement of volunteers to help with the 1979 harvest, but was soon institutionalised and took on a broader role in the countryside. It built roads, water-works, clinics, schools, and irrigation canals. It also provided "extension services, seeds, loans," etc. to small farmers.'

"Een biljet van 200 rial uit het begin van de jaren '80, uitgegeven door de Centrale Bank van de Islamitische Republiek Iran. De afbeelding toont personeel van de 'Jihad van de Wederopbouw' dat werkt aan een wegen-bouwproject. Een belangrijke fase van de beweging was de aanleg van wegen om dorpen met steden te verbinden. De organisatie begon als een beweging van vrijwilligers om te helpen bij de oogst van 1979, maar werd al snel geïnstitutionaliseerd en vervulde een bredere rol op het platteland. Zij bouwden wegen, waterwerken, klinieken, scholen en irrigatiekanalen. Het voorzag kleinschalige boeren ook van 'landbouwvoorlichtingsdiensten, zaden, leningen', enzovoort."

– "allemaal samen", benadrukte hij herhaaldelijk (*hameh ba ham*) – en de organisatie aankondigde die het voortouw zou nemen bij de inspanningen. De Jihad van de Wederopbouw zou twee decennia later fuseren met het Ministerie van Landbouw, waarvan het logo nu de iconische slogan "allemaal samen" bevat en een schematische sikkel en tarweschoof. [fig.10,11]

Het ad-hoc landbouwproject was echter van korte duur: in de herfst van 1980 werden de officieren opgeroepen naar de frontlinie tijdens de oorlog met Irak die een groot deel van het decennium zou duren. [fig.12] Pouyan herinnert zich de roestige maaidorsers en tractoren die de basis opsierden, souvenirs die hij nu erkent als een vergeten utopisch moment. Hij werd getroffen door de contradictie van hoogopgeleide militairen die de grond bewerkten: niet alleen hun verbazingwekkende optimisme, maar ook de manier waarop hun onwaarschijnlijke, zij het kortstondige, succes duidde op een diepgaande landbouwkennis. Terwijl Pouyans vader de middelste zoon was van een welgesteld gezin van landeigenaars uit het noordoosten van Iran, hadden veel van zijn collega's een boerenachtergrond en waren zij misschien de eersten in hun familie die tot de middenklasse doordrongen. Hun engagement voor de revolutie werd ingegeven door hun intieme kennis van de cycli van armoede en schulden die de zelfvoorzienende boeren decennia lang in de greep hadden gehouden, en misschien door bittere herinneringen aan de mislukte pogingen van de sjah om in de jaren 1960 landhervormingen door te voeren. Voor deze jonge mannen was het verbouwen van hun eigen tarwe een manier om hun toekomst in eigen hand te nemen.

Die dromen, zo bleek, waren niet zo haalbaar als een graanoogst. Een religieuze theocratie drong snel door tot het centrum van de macht en onderdrukte afwijkende meningen met alle mogelijke middelen. De jaren tachtig staan bekend als een bloedig decennium in Iran, gekenmerkt door staatsgrepen, represailles, interne rivaliteiten en meedogenloze moorden. De rantsoenering in oorlogstijd werd in de jaren 1990 gevolgd door sancties die tientallen jaren hebben geduurd. De devaluatie van de munt hield gelijke tred met de meedogenloze inflatie. De prille hervormingsbeweging van de jaren 1990 heeft nooit echt voet aan de grond gekregen. In de jaren 2000 stond uranium, en niet tarwe, symbool voor de nationale zelfvoorziening. Het streven daarnaar, hoewel door velen gesteund, blijft het land isoleren.

Voor de generatie die geboren is rond de revolutie van 1979, waartoe Pouyan en ik beiden behoren, is het altijd moeilijk (zo niet onmogelijk) geweest om het vroege enthousiasme van de revolutionairen te doorgronden. Tegen de tijd dat wij tieners waren, had hun hoop plaatsgemaakt voor doffe berusting, en was het openbare debat

fig.12

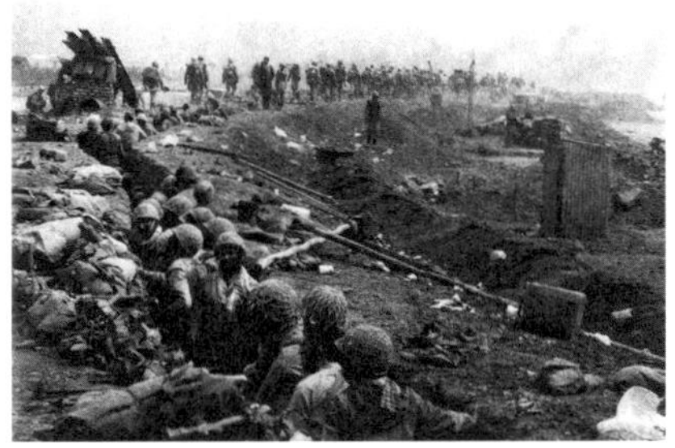

'The Iran-Iraq War, the longest war of the 20th century, was comparable to the First World War for its chemical weapons, trenches, and massive waves of soldiers running over enemy lines to be massacred, such as here in al-Faw (Iran). By some estimates, more than half a million Iranian and Iraqi soldiers were killed during the eight years of war.'

“De Iran-Irak oorlog, de langste oorlog van de 20ste eeuw, was vergelijkbaar met de Eerste Wereldoorlog vanwege zijn chemische wapens, loopgraven en massale zee van soldaten die door de vijandelijke linies liepen om afgeslacht te worden, zoals hier in al-Faw (Iran). Volgens sommige schattingen werden meer dan een half miljoen Iraanse en Iraakse soldaten gedood tijdens de acht jaar durende oorlog.”

The ad-hoc farming project, however, was short-lived: in the fall of 1980, the officers were called to the front lines of a war with Iraq that would last for much of the decade. [fig.12] Pouyan remembers the rusty combines and tractors decorating the base, souvenirs of what he now recognises as a forgotten utopian moment. He was struck by the contradiction of highly trained military men tilling the earth: not just their astonishing optimism, but the way their unlikely, if short-term, success suggested deep farming knowledge. While Pouyan's father was the middle son of a comfortable landowning family from north-east Iran, many of his colleagues were from farming backgrounds, perhaps the first in their families to achieve middle-class lifestyles. Their commitment to the revolution was motivated by their intimate knowledge of the cycles of poverty and debt that had trapped subsistence farmers for decades, and perhaps bitter memories of the shah's failed attempts at land reform in the 1960s. To grow their own wheat, for these young men, was a way of taking control of their future.

Those dreams, it turned out, were not quite as achievable as a crop of wheat. A religious theocracy moved quickly to the centre of power, suppressing dissent by any means necessary. The 1980s are known as a bloody decade in Iran, marked by coups, reprisals, internecine rivalries, and ruthless assassinations. Wartime rationing was followed, in the 1990s, by sanctions that have lasted for decades. The devaluation of currency has kept steady pace with relentless inflation. The fledgling reform movement of the 1990s never found a true foothold. By the 2000s, it was uranium, rather than wheat, that represented national self-sufficiency. Its pursuit, while supported by many, continues to isolate the country.

For the generation born with the 1979 revolution, to which Pouyan and I both belong, it has always been difficult, if not impossible, to access the early enthusiasm of the revolutionaries. By the time we were teenagers, their hope had given way to hollow-eyed grief, and public discourse was suffused with tired propaganda. 'He thought the war would be over in a few months,' Pouyan says of his father, a rueful moment of hindsight and a reminder of the traumas of that exhausting decade. In 1988, Pouyan's father, now a Major, requested a transfer to Tehran, in part to move the family away from the nightly aerial bombings. By then, the *homafar* population had been absorbed into the military, and the Isfahan base renamed as Abbas Babaie (1950–87), a pilot who had once planted wheat alongside Pouyan's father and is now one of the most glorified heroes of the nation. Pouyan shared with me the commemorative posters circulating online that depict Babaie against a backdrop of wheat fields. We finally understood the symbolism. [fig.13]

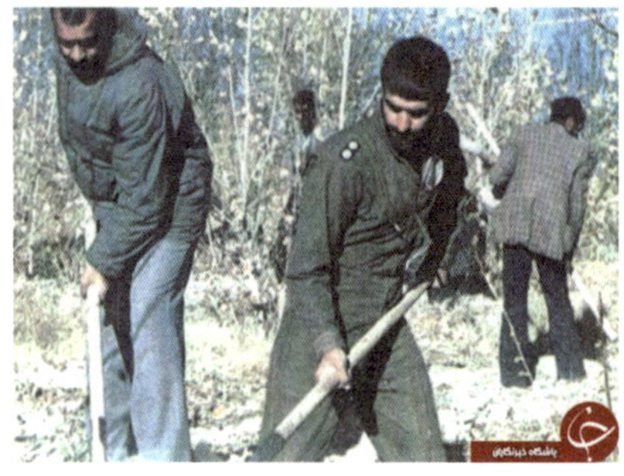

fig.13

'Propaganda flyer with an image of the commander of the Isfahan Air Force, Abbas Babaei, working in the fields around the military base. General Abbas Babaie was killed on 6 August 1987, while in the rear seat of an F-5B flying over Iraqi air space.'

"Propagandaflyer met een afbeelding van Abbas Babaei, commandant van de luchtmacht van Isfahan, werkend in de velden rond de militaire basis. Generaal Abbas Babaie werd op 6 augustus 1987 gedood, terwijl hij achterin een F-5B zat die boven het Iraakse luchtruim vloog."

doordrenkt met futloze propaganda. "Hij dacht dat de oorlog in een paar maanden voorbij zou zijn", zegt Pouyan over zijn vader, een moment van spijt achteraf en een herinnering aan de trauma's van dat uitputtende decennium. In 1988 verzocht Pouyans vader, inmiddels majoor, om overplaatsing naar Teheran, deels om zijn gezin weg te kunnen houden van de nachtelijke luchtbombardementen. Tegen die tijd was de *homafar*-bevolking opgenomen in het leger en was de basis van Isfahan hernoemd naar Abbas Babaie (1950–87), een piloot die ooit tarwe had geplant samen met Pouyans vader en nu een van de meest verheerlijkte helden van de natie is. Pouyan toonde mij de herdenkingsposters die online circuleren waarop Babaie staat afgebeeld tegen een achtergrond van tarwevelden. Eindelijk begrepen we de symboliek. [fig.13]

* * *

Skyhigh is my place, Pouyans installatie voor Museum Dhondt-Dhaenens, bouwt voort op de erfenis van deze persoonlijke en collectieve ervaringen. Het is een monument voor een vluchtige, maar krachtige, uitbarsting van enthousiasme die een tarweveld naar een luchtmachtbasis bracht, een beeld dat de emotionele kern van de revolutie weergeeft. "Het verhaal van mijn vader", schreef Pouyan, "is dat van een generatie die nooit de erkenning heeft gekregen die zij verdiende voor de dromen die zij koesterde voor de toekomst van Iran, een generatie die er niet in slaagde haar belofte waar te maken en uiteindelijk werd verraden door de naïviteit van haar aspiraties, door oorlog, en door de annexatie van de prille democratische instellingen." Het is dan ook passend dat hij de dromen van zijn vader eer aandoet door middel van een surrealistische droomruimte: een luchtverkeerstoren die onwaarschijnlijk aan het plafond van een museum hangt, omgeven door een uitgestrekt tarweveld op de vloer.

Zoals elk goed monument is *Skyhigh* een werk waarvan de vorm aangrijpt, waarvan de visuele impact wordt verdiept door het verhaal dat het meedraagt. Maar zoals veel van Pouyans werk staat het tegelijkertijd sceptisch tegenover begrippen als monumentaliteit en autoriteit. De sterke fysieke aanwezigheid ervan benadrukt alleen maar de ambivalentie van zijn conceptuele uitgangspunten, als een viering van utopische idealen die ook het voorbijgaande karakter ervan onderstreept. Qua compositie vormt het werk een onrustige ruimte. De zachte achtergrond van tarwe contrasteert met het bolwerk van de toren, die overeind wordt gehouden door kunstmatige krachten die op elk moment weerstand moeten bieden aan de zwaartekracht die hem naar beneden zou kunnen halen. Als deze idealen zijn vervlogen, dan komt dat evenzeer door hun inherente tegenstrijdigheden als door hun onhaalbaarheid op lange termijn. *Skyhigh* waarschuwt voor de mislukkingen van utopische

* * *

Skyhigh is my place, Pouyan's installation for the Museum Dhondt-Dhaenens, builds on the legacy of these personal and collective experiences. It is a monument to a fleeting, albeit powerful, burst of enthusiasm that brought a field of wheat to an air base, an image that captures the emotional core of the revolution. 'My father's story,' Pouyan has written, 'is of a generation that never received the credit it deserved for the dreams it held for Iran's future, a generation that failed to fulfil its promise and ended up betrayed by the naivety of its aspirations, by war, and by the take-over of very young democratic institutions.' It is fitting, then, that he should pay tribute to his father's dreams though a surreal dream space: an air control tower hanging improbably from the ceiling of a museum, surrounded by an expanse of wheat on the floor.

Like any good monument, *Skyhigh* is a formally affecting work, its visual impact deepened by the story it holds. But like much of Pouyan's work, it is also sceptical of notions of monumentality and authority. Its strong physical presence only highlights the ambivalence of its conceptual stance, as a celebration of utopian ideals that also underscores their passing. Compositionally, the work is a disquiet space, the soft backdrop of wheat contrasting with the bulwark of the tower, which is held up by manmade forces that must resist, at every moment, the gravity that could bring it down. If the time of these ideals has passed, it is as much for their inherent contradictions as their long-term unfeasibility. *Skyhigh* warns of the failings of utopian dreams even as it upholds their potential beauty.

Wheat taps into a resonant cultural history, especially in and around the Fertile Crescent where it has been cultivated for millennia. It speaks of the earth from which it grows, the place of belonging and identity; and of the bread that it provides, a primordial source of nourishment. The wheat of *Skyhigh*, however, is a transitional object: just as a crop is understood to be destined for food, so are dreams often relinquished as soon as more accessible achievements are in sight. Against this material and conceptual fungibility, the air control tower stands for more concrete aspirations: the political power enabled by advanced technology and infrastructure. The wheat field arose, after all, on a military base, and was abandoned to fight a war. The juxtaposition of fragile golden grain and cement architecture – organically living and enduringly manmade; rural and technological – speaks to the complexity of the nation's political hopes at a particular moment.

The artist's personal connection to the episode has its own semantic resonance. From the seed of his father's story, Pouyan has conjured up a contradictory poetics of *patria terra*, the "paternal land" that has historically inspired both patriotism and patriarchy. In Persian, *vatan*, or "homeland," is a concept without gender, yet *sarzamine pedari*, the "land of our fathers," has long been the rhetorical basis of cultural appeals. It is my father's name and birthplace that identifies me on Iranian legal documents; it is in the father's name that laws exclude and divide – *pedar-salari*, or patriarchy, is "the rule of the father." And it is in the name of fathers that identities are forged and exploited as the justification for personal sacrifice. Patriotism was implicit in the motto first adopted by the Imperial Iranian Air Force, *boland aseman jaygahe man ast*, which Pouyan translates and takes as his title, *Skyhigh is My Place*. The phrase is one of the few official slogans to survive the revolution, and has become the basis of a fervent anthem, *The Path of Martyrdom*: 'The highest of skies, that is my place / The truest of hearts, that is my protection.' The phrase calls up a fraternity of men whose fearless defence of territorial airspace ensures their glory in this life and the next. Today, it adorns countless grave markers, memoirs, and webpages, a shared touchstone for a veteran population with otherwise very different political allegiances. [fig.14,15]

Such openness to interpretation, I would propose, is what positions *Skyhigh* as a counter-monument. It is a space that holds a historic event in its contradictory fullness, gesturing at the multiple causes it has served as well as those that it has failed. For historian Pierre Nora, monuments are among our many *lieux de mémoire*, realms of memory that hold meanings that have otherwise disappeared from lived experience; the war monument, for example, is a realm of memory precisely because we have forgotten the specifics of the battle and what was at stake. The counter-monument, as proposed by James E. Young, aims to revitalise memory while rejecting official narratives and forms, as exemplified in the Holocaust memorials of the 1980s. Many of these were challenging, experimental monuments that relied on ephemerality, invisibility, and disappearance to explore 'both the necessity of memory and its incapacity to recall events [the artist] never experienced directly.'[1]

Pouyan's counter-monument owes its legibility to key visual experiments from the past three decades, works that frequently take on memory in its ideological as well as emotional dimensions. Krysztof Wodizko's temporary projects are a rich example, critical interventions that bring out the implicit politics of existing monuments (using a swastika to address apartheid in *Projection on to South Africa House*, 1985) [fig.16] or give voice to the unheard (giving a platform to Mexican sweatshop workers in *Tijuana Projection*, 2001). Doris Salcedo's evocative spaces and objects both court and evade

1. James E. Young, "The German Counter-Monument," *Critical Inquiry*, Vol. 18, No. 2. (Winter, 1992), pp. 271–272, 272–274, 274–278, 279, 294–295.

dromen, terwijl het hun potentiële schoonheid in ere houdt.

Tarwe heeft een rijke culturele geschiedenis, vooral in en rond de Vruchtbare Halvemaan, waar tarwe al millennia wordt verbouwd. Tarwe spreekt van de grond waaruit ze groeit, de plaats van samenhorigheid en identiteit; en het brood dat ze voorziet, een oerbron van voeding. Het graan van *Skyhigh* is echter een transitieobject: zoals een gewas wordt geacht bestemd te zijn voor voedsel, zo worden dromen vaak opgegeven zodra meer toegankelijke verwezenlijkingen in zicht komen. Tegenover deze materiële en conceptuele vervangbaarheid staat de verkeerstoren voor meer concrete aspiraties: de politieke macht die mogelijk wordt gemaakt door geavanceerde technologie en infrastructuur. Het tarweveld ontstond immers op een militaire basis en werd verlaten om een oorlog uit te vechten. De juxtapositie van het fragiele gouden graan en de architectuur van cement – organisch levend versus weerbarstig door de mens gemaakt; ruraal versus technologisch – is veelzeggend over de complexiteit van de politieke hoop van een natie op een specifiek moment.

De persoonlijke band van de kunstenaar met de episode kent zijn eigen semantische weerklank. Uit de kiem van het verhaal van zijn vader heeft Pouyan een tegenstrijdige poëtica van *patria terra* opgeroepen, het 'vaderlijke land' dat historisch gezien zowel patriottisme als het patriarchaat heeft geïnspireerd. In het Perzisch is *vatan*, of 'vaderland' een begrip zonder geslacht, maar toch is *sarzamine pedari*, het 'land van onze vaderen', lang de retorische basis geweest van culturele aantrekkingskracht. Het is mijn vaders naam en geboorteplaats die mij identificeert op Iraanse wettelijke documenten; het is in de naam van de vader dat wetten uitsluiten en verdelen – *pedar-salari*, of patriarchaat, is 'de heerschappij van de vader'. En het is in de naam van vaders dat identiteiten worden vervalst en uitgebuit als rechtvaardiging voor persoonlijke opoffering. Patriottisme zat impliciet in het motto dat voor het eerst door de Keizerlijke Iraanse Luchtmacht werd aangenomen, *boland aseman jaygahe man ast*, dat Pouyan vertaalt en als zijn titel gebruikt, 'Skyhigh is My Place' – 'Hemelhoog is mijn plaats'. De zin is een van de weinige officiële leuzen die de Revolutie heeft overleefd en is de basis geworden van een vurige hymne *Het pad van martelaarschap*: "Het hoogste der hemelen, dat is mijn plaats / Het oprechtste der harten, dat is mijn bescherming." De uitdrukking roept een broederschap op van mannen wier onverschrokken verdediging van het territoriale luchtruim in dit en het volgende leven hun glorie verzekert. Vandaag prijkt het op talloze grafstenen, memoires en webpagina's, een gemeenschappelijke toetssteen voor een veteranenbevolking met verder zeer verschillende politieke overtuigingen. [fig.14,15]

fig.14

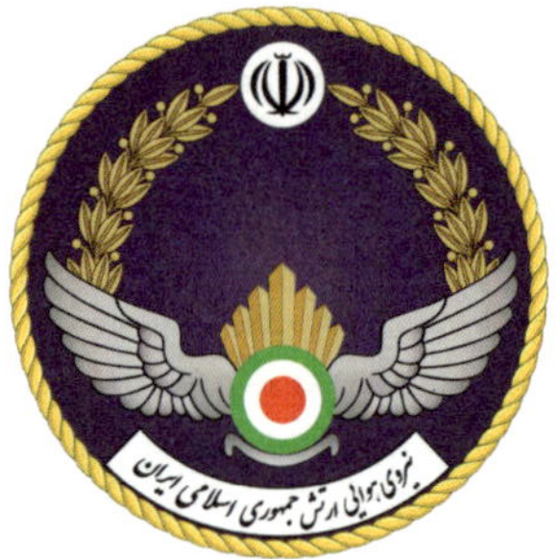

'Coat of arms of the Iranian Imperial Air force with the Shah's crown (the Kiani crown), two wings of Farvahar (the Zororostrian god), an imperial eagle, branches of oak and wheat, and the slogan *Skyhigh is My Place*. The Oak represents knowledge, nobility and strength, while the wheat signals prosperity and independence.'

"Wapenschild van de Iraanse Keizerlijke Luchtmacht met de kroon van de sjah (de Kiani-kroon), twee vleugels van Farvahar (de Zororostrische god), een keizerlijke adelaar, takken van eik en tarwe, en de slogan *Skyhigh is My Place*. De eik vertegenwoordigt kennis, adellijkheid en kracht, terwijl de tarwe staat voor welvaart en onafhankelijkheid."

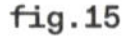

fig.15

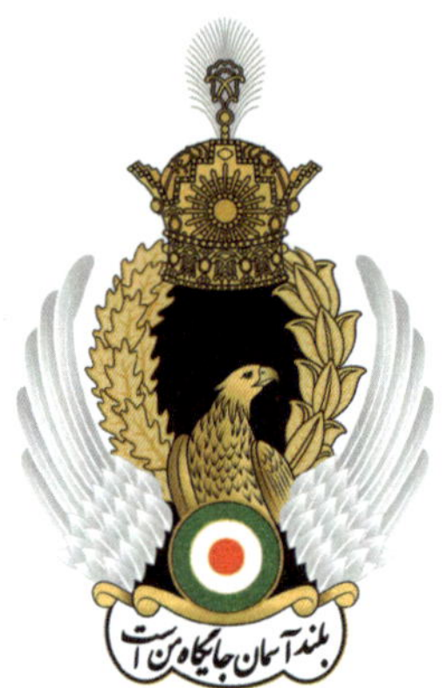

'The Coat of arms of the Islamic Republic Iranian Air Force is abstract in comparison to the imperial blazon. The slogan has been removed, as is the imperial crown and the eagle. The oak branch has been replaced by another crop of wheat. Two wings of an eagle (or possibly Farvahar) spread under an abstract geometric form of seven columns.'

"Het wapenschild van de Islamitische Republieke Iraanse Luchtmacht is abstract in vergelijking met het keizerlijke blazoen. De slogan is weggehaald, evenals de keizerlijke kroon en de adelaar. De eikentak is vervangen door tarwe. Twee vleugels van een adelaar (of mogelijk Farvahar) spreiden zich uit onder een abstracte geometrische vorm van zeven zuilen."

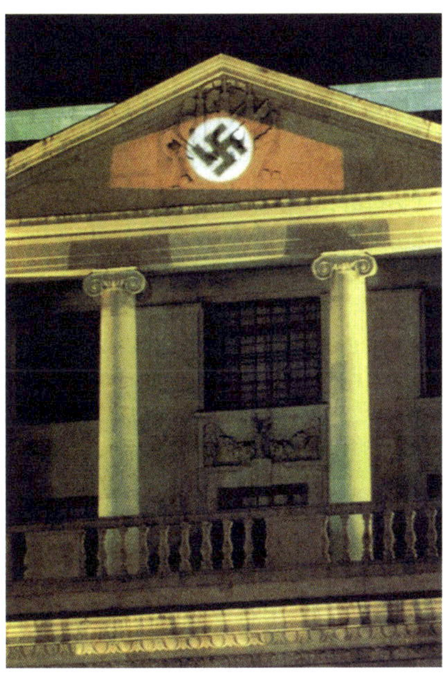

fig.16 Krzysztof Wodiczko, *Public Projection: South Africa House*, Trafalgar Square, London, 1985 (detail).

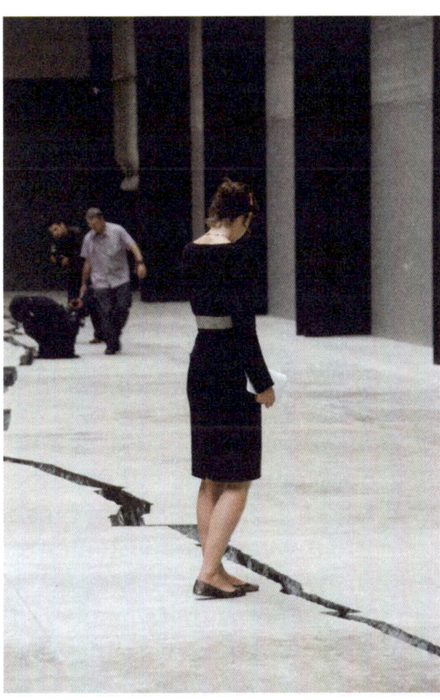

fig.17 Doris Salcedo, *Shibboleth IV*, Tate Modern, London, 2007, digital print on paper, 64 × 48.3 cm.

monumentality, using everyday materials to convey the emotional tenor of collective traumas and reckonings: the yawning crack of Tate Modern's *Shibboleth* [fig.17], 2007, or the blanket of preserved rose petals, stitched meticulously by hand, in *A Flor de Piel*, 2011–12.

A closer comparison for Pouyan's work might be the sculptures and installations of Siah Armajani (1939–2020). In the 1990s, Armajani began creating monuments to figures as diverse as anarchists (*Sacco and Vanzetti Reading Room*, 1994), poets (*Tomb for Neema*, 2012), or the anonymous dead (*Fallujah*, 2004–05). [fig.18] Many of his works are open rooms, inviting the viewer to engage with a discourse or history. But they are invariably uncomfortable, if affecting, spaces: austere wooden furniture, sharp steel armatures, or precarious structures marked by uncanny details. The glass-and-steel cubicle of *Fallujah*, for example, is awkwardly tilted on its axis, its angle set off by the lone rocking horse it holds. As in Picasso's *Guernica* (which is an explicit visual reference), the work memorialises the event with considerable poetic license, aiming for visceral impact through spatial experience.

Counter-monuments are often anti-heroic, dislocated, contingent, and changeable. It can be unclear who the actors in the story are or what the viewers' relationship to the subject might be. Some are capacious and inviting, prompting the viewer to share their questioning stance; others may be destined to change and perhaps disappear, the better to represent the tenuousness of living memory. Their visual language is frequently that of displacement or rupture: forgotten or untold histories, collective traumas, unresolved episodes, lost objects, contradictory symbolisms. Quite often, the event that forms their subject is one that the artist has only encountered through representation or retelling – a distance that may be crucial to loosening a story's didactic grip, allowing for a more expansive understanding of history's contradictions and our place within them.

* * *

In the late 1970s, the Grumman Aerospace Corporation, the company that designed and manufactured the Shah's F14s, produced a short promotional film about their prized client. The reassuring, PBS-style documentary was as likely a recruiting tool for new employees as it was a chance to justify the controversial sale of cutting-edge weaponry to a foreign power (the subject of concerned, if inconclusive US Senate hearings in 1976). The film follows a jet plane from take-off in Long Island to the newly built air base in Isfahan. The camera takes us over Iranian airspace, panning across the muddy browns of "the harsh, rugged environment" and medieval-looking adobe villages before touching down in a hangar filled with busy employees. Candid scenes of work

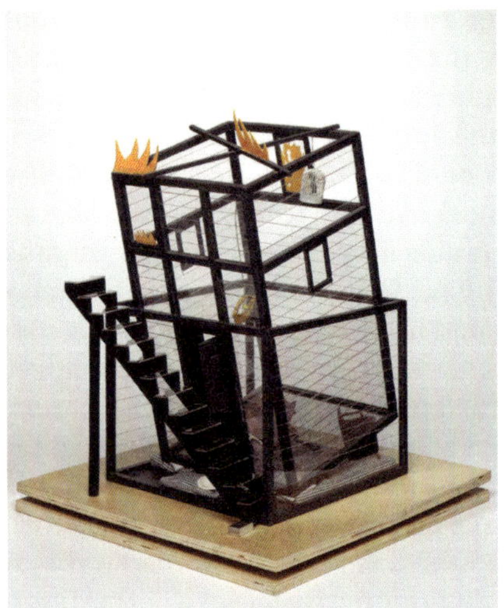

fig.18 Siah Armajani, *working model for Fallujah*, 2004, wood, metal, fabric, paint, acrylic, 45.1 × 40.3 × 40.3 cm.

Ik zou willen opperen dat een dergelijke openheid voor interpretatie *Skyhigh* positioneert als een tegenmonument. Het is een ruimte die een historische gebeurtenis in haar tegenstrijdige volledigheid omvat, wenkend naar de vele doelen die zij heeft gediend, maar ook naar die waarin zij heeft gefaald. Voor historicus Pierre Nora behoren monumenten tot onze vele *lieux de mémoire*, herinneringsruimten die betekenissen bevatten die verder uit de beleefde ervaring zijn verdwenen; het oorlogsmonument bijvoorbeeld is een herinneringsruimte juist omdat we de bijzonderheden van de veldslag en wat er op het spel stond zijn vergeten. Het tegenmonument, zoals voorgesteld door James E. Young, heeft tot doel de herinnering nieuw leven in te blazen en tegelijk de officiële verhalen en verschijningen te verwerpen, zoals Holocaust-herdenkingsplaatsen van de jaren 1980 dit deden. Veel van deze monumenten waren uitdagend, experimenteel en berustten op vergankelijkheid, onzichtbaarheid en verdwijning om "de noodzaak van het geheugen alsook het onvermogen ervan om gebeurtenissen te herinneren die [de kunstenaar] niet rechtstreeks heeft meegemaakt te onderzoeken."

De leesbaarheid van Pouyans tegenmonument is te danken aan belangrijke visuele experimenten uit de afgelopen drie decennia, werken die vaak de functie van het geheugen in zijn ideologische en emotionele dimensie behandelen. De tijdelijke projecten van Krysztof Wodizko zijn een vruchtbaar voorbeeld, kritische interventies die de impliciete politieke boodschap van bestaande monumenten naar voren brengen (door een hakenkruis te gebruiken om apartheid aan de orde te stellen in *Projection on to South Africa House*, 1985) [fig.16] of om een stem geven aan mensen die niet gehoord worden (een platform geven aan Mexicaanse sweatshoparbeiders in *Tijuana Projection*, 2001). De evocatieve ruimten en objecten van Doris Salcedo maken gebruik van alledaagse materialen om de emotionele teneur van collectieve trauma's en vergelding over te brengen: de gapende barst van *Shibboleth* [fig.17] in Tate Modern in 2007, of het deken van geconserveerde rozenblaadjes, minutieus met de hand genaaid, in *A Flor de Piel*, 2011–12.

Een nauwere vergelijking met Pouyans werk bieden de sculpturen en installaties van Siah Armajani (1939–2020). In de jaren 1990 begon Armajani monumenten te maken voor uiteenlopende figuren als anarchisten (*Sacco and Vanzetti Reading Room*, 1994), dichters (*Tomb for Neema*, 2012) of anonieme doden (*Fallujah*, 2004–05) [fig.18]. Veel van zijn werken zijn open kamers, die de toeschouwer uitnodigen om deel te nemen aan een verhaal of geschiedenis. Maar het zijn onveranderlijk ongemakkelijke, doch ontroerende ruimten: sobere houten meubels,

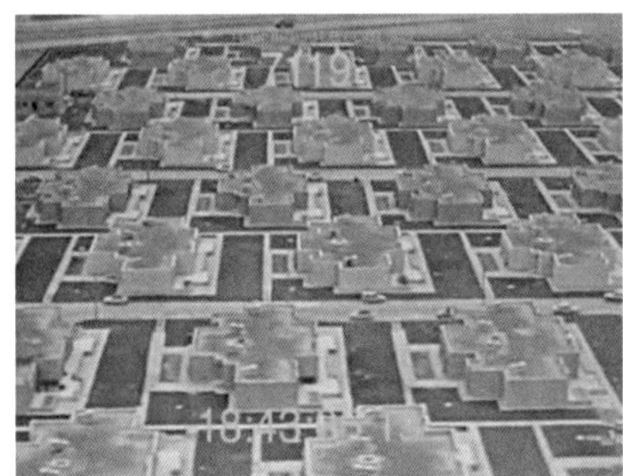

fig.19

'Khane Esfahan ("Isfahan House"), is a residential complex in the suburb of Isfahan City, designed and built by American architects and construction companies funded by the Iranian Air Force and supervised by the Grumman company. The architecture style and all details of the houses were based on Texan suburbia. My parents owned one of these houses and I lived there from the age of three to seven. We had to leave the house after the massive bombardment of Isfahan by Iraqi airplanes. We subsequently escaped to the north east of the country. This still image comes from the documentary, *The Grumman Challenge* made by the Grumman company in the early 1970s.'

"Khane Esfahan ('Huis Isfahan') is een wooncomplex in de buitenwijk van de stad Isfahan, ontworpen en gebouwd door Amerikaanse architecten en bouwbedrijven, gefinancierd door de Iraanse luchtmacht en gerealiseerd onder leiding van het bedrijf Grumman. De architectuurstijl en alle details van de huizen waren gebaseerd op de Texaanse suburbs. Mijn ouders bezaten een van deze huizen en ik woonde er van mijn derde tot mijn zevende. We moesten het huis verlaten na het massale bombardement van Isfahan door Irakese vliegtuigen. We zijn vervolgens naar het noordoosten van het land gevlucht. Dit stilstaande beeld komt uit de documentaire *The Grumman Challenge*, gemaakt door het bedrijf Grumman in het begin van de jaren zeventig."

and leisure follow: American-style classrooms and modern grocery stores, neighbourhoods dotted with blooming rosebushes, a post-game cookout with the Isfahan baseball team.

The film swoops over a residential area under construction, revealing a landscape that melds Iranian architecture with American expectations. The "Khaneye Isfahan" township was designed to house Grumman employees and contractors as well as Iranian engineers and support staff. The buildings were low and blocky, with columned porches vaguely modelled on Persian garden pavilions, minus the ornamentation. The expensive patches of lawn separating the homes spoke to the foreign origins of the masterplan, visibly lacking the privacy so central to Iranian towns. As with the Grumman film, this was an architecture designed to signal a reassuring, Western-style, middle-classness to its audience. In the film, desert shimmers behind the neat suburb, deepening the sense of a mirage in the making. [fig.19]

It was Pouyan who pointed me to the film. 'I grew up in one of those houses,' he tells me. He remembers the streets, the children he played with, the dusty construction sites at the edge of town. The suburb is a standard take on 1950s functionalism, familiar to me from the building boom of 1990s Tehran. In the film, the newly built houses are a uniform, brutalist grey, but I remember facades that had aged gracelessly under seasons of rain, dust, and soot. As in many imported settings, the celebrated international style was broken down to its most utilitarian components, then recombined in flagrant disregard for the landscape and its climate. 'I think brutalist architecture is the ugliest in the world,' Pouyan muses, 'I see the revolution as a rebellion against architecture too.'

Like Armajani before him, Pouyan's work grew out of an early interest in architectural forms, especially those indigenous to the Iranian plateau. In contrast to the repetitive urban fabric of modern Iranian cities, most extant examples of ancient architecture are singular, monumental, and often highly inventive in their use of local brick and adobe. They have typically survived because of their remote locations and striking aesthetics, but also because of their public function as tombs, mausoleums, mosques, or caravanserais.

Islamic and pre-Islamic monuments provided the inspiration for Pouyan's earliest series of paintings, exhibited in 2010 as *Towers*. They show colourful, unapologetically phallic buildings rising against moody, paint-streaked skies. Windows, arches, and brickwork are meticulously outlined, and each building seems to have a personality of its own. Primary reds and blues predominate, as in *Anoshirvan Memorial Building*

scherpe stalen armaturen, of precaire bouwsels gekenmerkt door bevreemdende details. De glazen en stalen cabine van *Fallujah*, bijvoorbeeld, is onhandig gekanteld op zijn as, de hoek wordt versterkt door het eenzame hobbelpaard dat er staat. Net als in Picasso's *Guernica* (dat een expliciete visuele referentie is) wordt de gebeurtenis in het werk herdacht met aanzienlijke poëtische vrijheid, waarbij een viscerale impact door middel van een ruimtelijke ervaring wordt beoogd.

Tegenmonumenten zijn vaak anti-heroïsch, ontheemd, onderhevig aan omstandigheden en veranderlijk. Het kan onduidelijk zijn wie de acteurs in het verhaal zijn of wat de relatie van de kijker tot het onderwerp zou kunnen zijn. Sommige zijn ruim en uitnodigend en brengen de toeschouwer ertoe om hun vragende houding te delen; andere zijn voorbestemd om te veranderen en misschien te verdwijnen, om beter de vluchtigheid van het levende geheugen weer te geven. Hun beeldtaal is vaak die van verplaatsing of breuk: vergeten of onvertelde geschiedenissen, collectieve trauma's, onopgeloste episodes, verloren voorwerpen, tegenstrijdige symbolismen. Vaak is de kunstenaar alleen in aanraking gekomen met de gebeurtenis die het onderwerp vormt door representatie of hervertelling – een afstand die cruciaal kan zijn om de didactische greep van een verhaal te versoepelen, waardoor een ruimer begrip van de tegenstrijdigheden van de geschiedenis en onze plaats daarin mogelijk wordt.

* * *

Eind jaren 1970 maakte de Grumman Aerospace Corporation, het bedrijf dat de F14's van de sjah ontwierp en vervaardigde, een korte promotiefilm over hun gewaardeerde klant. De geruststellende documentaire in openbare-omroepstijl was evenzeer een wervingsmiddel voor nieuwe werknemers als een kans om de controversiële verkoop van geavanceerde wapens aan een vreemde mogendheid te rechtvaardigen (het onderwerp van verontruste, zij het onbeslist gebleven hoorzittingen in de Amerikaanse Senaat in 1976). De film volgt een straalvliegtuig van het opstijgen in Long Island tot de nieuw gebouwde luchtmachtbasis in Isfahan. De camera neemt ons mee over het Iraanse luchtruim, over de modderige bruine kleuren van "de ruwe, ruige omgeving" en middeleeuws aandoende dorpjes uit kleisteen, voordat we landen in een hangar vol werknemers die druk in de weer zijn. Daarna volgen vrolijke scènes van werk en vrije tijd: leslokalen in Amerikaanse stijl en moderne supermarkten, wijken bezaaid met bloeiende rozenstruiken, een kookfestijn na de wedstrijd met het honkbalteam Isfahan.

De film duikt over een woonwijk in aanbouw en toont een landschap waarin Iraanse architectuur en Amerikaanse verwachtingen samenkomen. De Khaneye Isfahan-stad werd ontworpen om onderdak te bieden aan Grumman-werknemers en aannemers, alsmede aan Iraanse ingenieurs en ondersteunend personeel. De gebouwen waren laag en blokkerig, met portieken met zuilen, vaag gemodelleerd naar Perzische tuinpaviljoens, maar zonder de versieringen. De dure stukken gazon die de huizen van elkaar scheiden wijzen op de buitenlandse oorsprong van het masterplan dat zichtbaar de privacy ontbeert die zo centraal staat in Iraanse steden. Net als bij de film van Grumman was dit een architectuur die ontworpen was om een geruststellend, westers aandoend, middenklassebeeld te brengen aan het publiek. In de film glinstert de woestijn achter de nette voorstad, wat het gevoel van een fata morgana in wording versterkt. [fig.19]

Pouyan wees me op de film. "Ik ben opgegroeid in zo'n huis", vertelt hij. Hij herinnert zich de straten, de kinderen met wie hij speelde, de stoffige bouwplaatsen aan de rand van de stad. De voorstad is een standaardversie van het functionalisme uit de jaren vijftig, die ik ken van de bouwhausse in Teheran in de jaren negentig. In de film zijn de nieuw gebouwde huizen eenvormig, brutalistisch grijs, maar ik herinner me gevels die genadeloos waren verouderd onder verschillende jaargetijden met regen, stof en roet. Het was uiteraard een 'geïmporteerde' omgeving, en zoals wel vaker in dergelijke gevallen werd die ontleed tot zijn meest utilitaire gebruikscomponenten, en vervolgens ter plaatse opnieuw samengesteld, waarbij hoegenaamd geen rekening werd gehouden met het landschap en het klimaat. "Ik vind de brutalistische architectuur de lelijkste ter wereld", mijmert Pouyan. "Ik zie de revolutie ook als een rebellie tegen de architectuur."

Net als Armajani voor hem, komt Pouyans werk voort uit een vroege belangstelling voor architectonische vormen, in het bijzonder die welke te vinden zijn op de Iraanse hoogvlakte. In tegenstelling tot het repetitieve stadsweefsel van moderne Iraanse steden zijn de meeste overgebleven voorbeelden van antieke architectuur uniek, monumentaal en vaak zeer inventief in hun gebruik van plaatselijke baksteen en klei. Ze zijn meestal bewaard gebleven vanwege hun afgelegen ligging en opvallende esthetiek, maar ook vanwege hun publieke functie als graven, mausolea, moskeeën of karavanserais.

Islamitische en pre-islamitische monumenten vormden de inspiratie voor Pouyans vroegste serie schilderijen, die in 2010 als *Towers* werd tentoongesteld. Ze tonen kleurrijke, onvervalst fallische gebouwen die oprijzen tegen stemmige, met verf besprenkelde luchten. Ramen, bogen en metselwerk zijn minutieus geschetst, en elk gebouw lijkt een eigen persoonlijkheid te hebben. Primair rood en blauw overheersen, zoals in *Anoshirvan Memorial Building* van 2008, geschetst in roze tegen een blauwe lucht. De schilderijen zijn

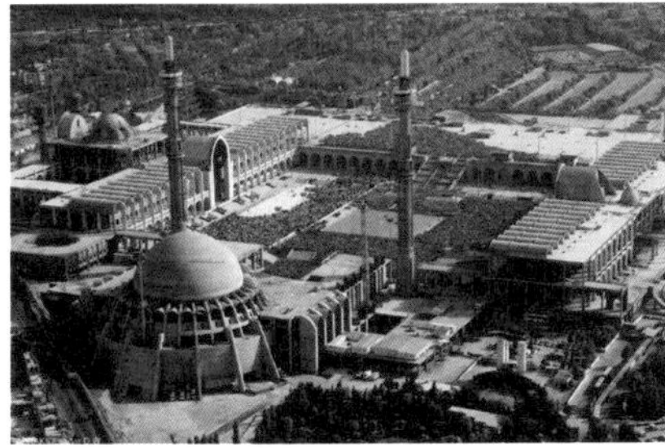

fig.20

'When my family moved to Tehran, we lived in a neighborhood that was overshadowed by the Grand Mosalla mosque of Tehran (designed by Parviz Moayed Ahd). During my time in Tehran I witnessed the very slow construction of some of the most ambitious buildings in the Middle East. The construction of the Grand Mosalla mosque has been in progress for the past three decades and is still not complete.'

"Toen mijn familie naar Teheran verhuisde, woonden we in een wijk die werd overschaduwd door de Grote Mosalla moskee van Teheran (ontworpen door Parviz Moayed Ahd). Toen ik in Teheran woonde, was ik getuige van de zeer trage bouw van enkele van de meest ambitieuze gebouwen in het Midden-Oosten. De bouw van de Grote Mosalla moskee is al drie decennia aan de gang en is nog altijd niet voltooid."

of 2008, sketched out in pink against a blue sky. The paintings are all named after pre-Islamic Iranian kings, and are portraits of sorts, using a later architectural language to imagine what these kings might have chosen to serve as their posthumous image on earth. But the buildings promise little by way of posterity: in *Anoshirvan Memorial Building*, the spindly minarets and the inexplicable bridge connecting them loom over a central dome that seems to be sinking into the earth – a monument on the verge of disappearing. cat.1 (p.45-47)

With *Towers*, Pouyan begins to parse the meanings inherent to an architecture of power, and initiates a decade-long interest in what dome structures can signify. There are clear beginnings here for the ambivalence of *Skyhigh*, its dislocated monumentality and its merging of the familiar and the fantastic. The sinking majesty of *Shahpur's Tomb* reminds me of a more contemporary counterpart: the Tehran Mosallah, one of the grandest architecture commissions of the Islamic Republic, designed in the late 1980s to host the city's large Friday prayer meetings (and located a stone's throw from Pouyan's teenage home in Tehran). The Mosalla's vast dome, flanked by towering minarets, opens on to a triangular arch of epic proportions – part Sydney Opera House, part Hagia Sophia, and surely an oedipal bid to surpass ancient glories. While the complex is now in use, it remains incomplete thirty years on, its ungainly concrete facade testifying to overweening ambitions. [fig.20]

Pouyan's 2014 exhibition, *PTSD* at Dubai's Lawrie Shabibi Gallery, set his ongoing interest in historic forms against new lines of thought. *Failed Objects*, 2014, are small, hollow terra-cotta shapes that feel like awkward attempts on a potter's wheel (they are in fact his first experiments in ceramic as a medium). A few are jar-like and upright, but most lay on their sides, like prototypes for eggs, spinning tops, spindles, or mortar shells. None have actual openings, just surfaces that bloom in a variety of warm earth colours. They are arrayed on a table, as if for inspection, and accompanied by diagram-like pencil sketches. Pouyan describes the work as a metaphor for how a Western gaze approaches a non-Western subject, using an archaeological mode of display to describe a socio-political dynamic with a long history. 'These objects, they present the way they see us' – identities seen as misshapen, dysfunctional failures. 'There's no access to the inside of the object, which can be scary,' he explained. 'They can't figure out how it works. They might break it to see what's inside,' he added, 'but that won't help. In the end, they'll just leave it and walk away.' cat.2,3 (p.48-51)

Unthinkable Thought, also 2014, hews closer to his ongoing explorations of architecture

allemaal vernoemd naar pre-islamitische Iraanse koningen en zijn een soort portretten, waarbij een latere architectonische taal wordt gebruikt om zich voor te stellen wat deze koningen zouden hebben gekozen om te dienen als hun postume beeltenis op aarde. Maar de gebouwen beloven weinig goeds voor het nageslacht: in *Anoshirvan Memorial Building* doemen de spichtige minaretten op en de onverklaarbare brug die ze verbindt boven een centrale koepel die in de aarde lijkt weg te zinken – een monument dat op het punt staat te verdwijnen. cat.1 (p.45-47)

Met *Towers* begint Pouyan de betekenissen te ontcijferen die inherent zijn aan een architectuur van de macht en focust hij een decennium lang op de mogelijke betekenis van koepelstructuren. Er is hier duidelijk een begin gemaakt met de ambivalentie van *Skyhigh*, zijn ontwrichte monumentaliteit en zijn samensmelting van het vertrouwde en het fantastische. De wegzinkende statigheid van het *Shahpur's Tomb* doet me denken aan een meer hedendaagse tegenhanger: de Mosalla van Teheran, een van de grootste architectonische opdrachten van de Islamitische Republiek, eind jaren tachtig ontworpen voor de grote vrijdagsgebedsbijeenkomsten van de stad (en gelegen op een steenworp van het ouderlijk huis tijdens Pouyans tienerjaren in Teheran). De enorme koepel van de Mosalla, geflankeerd door torenhoge minaretten, gaat over in een driehoekige boog van epische proporties – deels Sydney Opera House, deels Hagia Sophia, en zeker een oedipale poging om oude glorie te overtreffen. Hoewel het complex nu in gebruik is, blijft het dertig jaar later onvoltooid, met zijn lompe betonnen gevel die getuigt van al te grote ambities. [fig.20]

Pouyans tentoonstelling *PTSD* in 2014 in de Lawrie Shabibi Gallery in Dubai zette zijn voortdurende belangstelling voor historische vormen af tegen nieuwe denkpistes. *Failed Objects*, uit 2014, zijn kleine, holle terracottavormen die aanvoelen als onhandige pogingen op een pottenbakkersschijf (het zijn in feite zijn eerste experimenten met keramiek). Enkele zijn kruikvormig en rechtopstaand, maar de meeste liggen op hun zij, als prototypen voor eieren, tollen, spindels of mortierobussen. Geen enkele heeft echte openingen, alleen oppervlakken die bloeien in een verscheidenheid van warme aardekleuren. Ze liggen op een tafel, als ter inzage, en gaan vergezeld van potloodschetsen die lijken op diagrammen. Pouyan beschrijft het werk als een metafoor voor hoe een westerse blik een niet-westers onderwerp benadert, waarbij een archeologische manier van weergeven wordt gebruikt om een sociaal-politieke dynamiek met een lange geschiedenis te beschrijven. "Deze objecten stellen voor hoe zij ons zien"– identiteiten die worden gezien als misvormde, disfunctionele mislukkingen. "Er is geen toegang tot de binnenkant van het object, wat beangstigend kan zijn", legde hij uit. "Ze kunnen er niet achter komen hoe het werkt. Ze kunnen het breken om te zien wat er in zit," voegde hij eraan toe, "maar dat zal niet helpen. Uiteindelijk laten ze het gewoon achter en lopen ze weg." cat.2,3 (p.48-51)

Unthinkable Thought, ook uit 2014, ligt dichter bij zijn voortdurende verkenningen van architectuur als politieke hubris. Het gaat om op sokkels geplaatste geglazuurde keramische koepels, typologische studies van kegels, bollen of uivormige prototypes. Zij zijn meestal gebaseerd op historische voorbeelden, sommige bestaand (het Pantheon in Rome, de Moskee van de sjah in Isfahan), andere hypothetisch. De onbebouwde voorstellen geven de groep zijn 'ondenkbare', tirannieke uitstraling: een lage, crèmekleurige heuvel stelt de Volkshalle voor, door Hitler ontworpen als het middelpunt van een nieuw Berlijn; de taps toelopende zwarte vorm is een denkbeeldige *Koepel van Iranistan*, waarvan de glanzende duisternis in schril contrast staat met zijn buren. Ik zie een campversie van de Mosalla van Teheran voor me, in de kleuren van Darth Vader en petroleum. Vertoonden Pouyans vroegere werken een ambivalente aantrekkingskracht voor historische verworvenheden, in *Iranistan* zijn ze de dystopische uitdrukking van absolute macht. cat.4,5 (p.52,53)

Tegen de tijd dat Pouyan begon met *We Owe This Considerable Land to the Horizon Line*, zijn serie uit 2017, was hij klaar om een stap verder te gaan dan louter historische werken. De keramische voorwerpen, uitgestald op sokkels van verschillende hoogte, doen nog steeds denken aan architectonische modellen: sommige lijken op minaretten of koepels; andere op windtorens, getrapte waterputten en fonteinen; één lijkt op een raket, een andere op een luidspreker. Ze zijn gemaakt van stevige, hoogovensteen, die delicate details zoals de deurtjes, ramen en lijstwerk in zijn egale bruine oppervlak kan houden. Er is een duidelijk gevoel van sciencefiction-futurisme: steunberen die mechanische vleugels zouden kunnen zijn, ramen die als futuristische spleten zijn uitgesneden, en strepen die doen denken aan metalen platen. Er is ook een abstracte kwaliteit, een afwijken van de functionaliteit van het architectonische model, in 'gebouwen' zonder deuren of ramen, ontwerpen die de zwaartekracht en de materiële haalbaarheid tarten, en modellen die lijken te hangen, vederlicht, met een antropomorfisme zoals bij Dalí.

Horizon Line is gebaseerd op Pouyans eerdere studies naar zowel islamitische als brutalistische en fascistische architectuur, maar verhoudt zich losser tot de historische precedenten. De architectuur is speels en onverwacht en verbeeldt toekomstige monumentale ambities die tot uiting

as political hubris. These are glazed ceramic domes displayed on plinths, typological studies of cones, spheres, or onion prototypes. They are mostly based on historical examples, some extant (the Pantheon in Rome, the Shah Mosque of Isfahan) others hypothetical. The unbuilt proposals are what give the grouping its "unthinkable," tyrannical cast: a low, cream-coloured mound represents the Volkshalle, designed by Hitler as the centrepiece of a new Berlin; the tapering black shape is an imagined *Dome of Iranistan*, its gleaming darkness a stark contrast to its neighbours. I can't help but see a campy Tehran Mosalla, resplendent in shades of Darth Vader and petroleum. If Pouyan's earlier works showed an ambivalent attraction to historic achievements, in *Iranistan* they are the dystopian expression of absolute power. cat.4,5 (p.52,53)

By the time Pouyan arrived at his 2017 series, *We Owe This Considerable Land to the Horizon Line*, he was ready to move beyond the purely historic. The ceramic objects, displayed on pedestals of different height, are still reminiscent of architectural models: some resemble minarets or domes; others wind towers, step wells, and fountains; one looks like a rocket, another a loudspeaker. They are made of sturdy, high-fire stoneware, which can hold delicate details like the tiny doors, windows, and mouldings in its even brown surface. There is a marked sense of sci-fi futurism: buttresses that might be mechanical wings, windows carved as futuristic slits, and striations that recall metallic plates. There is also an abstract quality, a straying from the functionality of the architectural model, in "buildings" that lack doors or windows, designs that defy gravity and material feasibility, and models that seem to droop, ever so slightly, with a Daliesque anthropomorphism. cat.6,7 (p.54,55)

Horizon Line draws on Pouyan's earlier studies of Islamic as well as brutalist and fascist architecture, while holding a looser relationship to historical precedents. The architecture is playful and unexpected, imagining future monumental ambitions as expressing themselves in vibrant, hybrid collages of archaic and utopian forms. In each installation of the work, Pouyan makes sure to point all of the building's entrances towards the east, while those with windows face west. I think about the Grumman film again: the Tomcat jet racing eastward, the pilot's-eye-view that takes in villages and ruins before arriving at the startlingly technological space of modern weaponry. Unlike that film, which sped us quickly to its fabricated oasis of modernity, Pouyan's work holds the entirety of the journey in view. It looks eastward, but takes a long view of the landscape and its inhabitants, seeking out social and political forces that have shaped the land in their image. It makes sense, then, that the story of an Isfahan wheat field should spark the surreal contrasts of *Skyhigh*, a fantasy image that recreates the past in the hope of inspiring a more accurate sense of the present.

* * *

We Owe This Considerable Land to the Horizon Line takes its title from Orhan Pamuk's 1998 novel, *My Name is Red*, which follows a fictional group of artists in sixteenth-century Istanbul at a time of great aesthetic shifts. The book is characterised by stories within stories: in one, a master calligrapher witnesses the infamous Mongol invasion of Baghdad from the top of a minaret outside the city. He looks to the horizon and sees destruction, pillage, murder, and rape; books are burned, the river stained with ink and blood. 'He thought about how all those volumes he'd transcribed in beautiful script, those books that were now gone, hadn't in the least served to stop this horrifying massacre and devastation, and in turn, he swore never to write again.'[2] He is inspired, instead, to draw the scene he has witnessed, the view that has transformed his sense of history. His innovation founds a centuries-long painting tradition that reflects that original vantage point, 'the truly agonising depiction of the world from an elevated godlike position attained by drawing none other than a horizon line.'[3]

Medieval Islamic painting was characterised by its high placement of the horizon, its perspectival flatness, and its precise vocabulary of ideal forms: for hundreds of years, gazelles leaped and plants unfurled just so, and figures swayed in graceful S shapes, even in the battle scenes that marched across the page in absolute clarity. Nothing receded, and nothing was obscured – the patron would certainly not have stood for it. The viewer has implicit omniscience, raised above the fray of the everyday and its meaningless repetitions and compromises. We owe the present to a past, the view suggests, that was always intended to bring us here, to our divinely ordained seat of power. If the inherited forms summon a sense of the eternal, they also speak of the imperial, the paternal, and the absolute.

In Pouyan's work, the viewer is offered a similarly elevated position, a frame for the eternal, but with a critical departure from the aesthetic program: the eternal is a moving horizon, ever shifting to accommodate changing worldviews. *Towers* are monumental portraits, but also phallic absurdities that demonstrate the pitfalls of posterity. *Failed Objects* showcases the classificatory impulses of orientalist archaeologists, while underscoring their persistence and persistent futility. If *Unthinkable Thoughts* are masterplans of absolute power, *Horizon Line* suggests that they may well serve future despots, with fascinating results. *Skyhigh*, whose viewpoint is perhaps the most human in scale, takes us up into

2. Orhan Pamuk, *My Name Is Red* (London: Faber and Faber Limited, 2001), p. 85.

3. Ibid.

komen in levendige, hybride collages van archaische en utopische vormen. Bij elke installatie van het werk zorgt Pouyan ervoor dat alle ingangen van zijn gebouwen naar het oosten gericht zijn, terwijl gebouwen met ramen naar het westen gericht zijn. Ik denk terug aan de Grumman-film: de Tomcat-straaljager die oostwaarts raast, de blik van de piloot die dorpen en ruïnes ziet alvorens aan te komen bij de verbluffend technologische ruimte van het moderne wapentuig. In tegenstelling tot die film, die ons snel naar zijn verzonnen oase van moderniteit bracht, houdt Pouyans werk de hele reis in beeld. Het kijkt naar het oosten, maar werpt een lange blik op het landschap en zijn bewoners, op zoek naar sociale en politieke krachten die het land naar hun beeld hebben gevormd. Het is dan ook logisch dat het verhaal van een tarweveld in Isfahan de surrealistische contrasten van *Skyhigh* aanwakkert, een fantasiebeeld dat het verleden herschept in de hoop een nauwkeuriger beeld van het heden te geven. cat.6,7 (p.54,55)

* * *

De titel *We Owe This Considerable Land to the Horizon Line* is ontleend aan Orhan Pamuks roman *Ik heet Karmozijn* uit 1998, waarin een fictieve groep kunstenaars wordt gevolgd in het zestiende-eeuwse Istanbul in een tijd van grote esthetische verschuivingen. Het boek wordt gekenmerkt door verhalen binnen verhalen: in een verhaal is een meester-kalligraaf getuige van de beruchte Mongoolse invasie van Bagdad vanaf de top van een minaret buiten de stad. Hij kijkt naar de horizon en ziet verwoesting, plundering, moord en verkrachting; boeken worden verbrand, de rivier bevlekt met inkt en bloed. "Hij dacht eraan hoe al die boekdelen die hij in prachtig schrift had overgeschreven, die boeken die nu weg waren, niet hadden gediend om deze afschuwelijke slachting en verwoesting te stoppen, en op zijn beurt zwoer hij nooit meer te zullen schrijven." In plaats daarvan werd hij geïnspireerd om het tafereel waarvan hij getuige is geweest te tekenen, het uitzicht dat zijn gevoel voor de geschiedenis heeft veranderd. Met zijn vernieuwing sticht hij een eeuwenlange schildertraditie die dat oorspronkelijke gezichtspunt weerspiegelt: "De werkelijk kwellende weergave van de wereld vanuit een verheven goddelijke positie die wordt bereikt door niets anders te tekenen dan een horizonlijn."

De middeleeuwse islamitische schilderkunst werd gekenmerkt door de hoge plaatsing van de horizon, de perspectivische vlakheid en het precieze vocabulaire van ideale vormen: honderden jaren lang sprongen gazellen en ontvouwden planten zich precies volgens die patronen en bewogen de figuren in sierlijke S-vormen, zelfs in de gevechtstaferelen die kristalhelder over het blad marcheerden. Niets is teruggetrokken en niets is aan het oog onttrokken – de opdrachtgever zou dat zeker niet hebben gewild. De toeschouwer heeft een impliciete alwetendheid, verheven boven het ravijn van het alledaagse en zijn betekenisloze herhalingen en compromissen. Wij danken het heden aan een verleden, zo suggereert de opvatting, dat altijd al bedoeld was om ons hier te brengen, naar onze goddelijk gewijde zetel van macht. Als de overgeërfde vormen een gevoel van het eeuwige oproepen, spreken zij ook over het keizerlijke, het vaderlijke en het absolute.

In Pouyans werk wordt de toeschouwer een soortgelijke verheven positie geboden, een kader voor het eeuwige, maar met een kritische afwijking van het esthetische programma: het eeuwige is een bewegende horizon, steeds verschuivend om tegemoet te komen aan veranderende wereldbeelden. *Towers* toont monumentale portretten, maar ook fallische absurditeiten die de valkuilen van het nageslacht laten zien. *Failed Objects* laat de classificerende impulsen van oriëntalistische archeologen zien en onderstreept tegelijkertijd hun hardnekkigheid en hardnekkige futiliteit. Als *Unthinkable Thoughts* meesterplannen zijn van absolute macht, dan suggereert *Horizon Line* dat ze wel eens gebruikt zouden kunnen worden door toekomstige despoten, met fascinerende resultaten. *Skyhigh*, waarvan het gezichtspunt misschien wel het meest menselijke is, neemt ons mee de cockpit in met een piloot die ondersteboven boven het land van zijn politieke dromen en patriottische identiteit vliegt.

In Pouyans werk zijn de gezichtspunten altijd van belang. Maar uiteindelijk gaat het om een tijdelijk verhoogd standpunt, een afstand die onze tijdshorizon verruimt en ons in staat stelt verandering te zien in wat strikt historisch lijkt. Het traceert tegenstellingen terwijl ze zich ontwikkelen, tot een hoogtepunt komen, en zich ontrafelen in nieuwe configuraties. De scène kan kwellend zijn, maar ze is altijd verhelderend. Het is het perspectief van een god, een koning, een piloot [fig.21], een kaartenmaker, een historicus – maar in wezen ook het gezichtspunt van een kunstenaar. Pouyans werk neemt de stem van de autoriteit aan om uit te nodigen tot scepsis en speculatie; het verplaatst zich naar het hoogste der hemelen om de schoonheid van mislukte dromen te zien. Het put uit subjectieve ervaring, maar is nooit helemaal persoonlijk. Het is gebaseerd op onderzoek, reflectie en analyse, maar roept het vreemde, het sublieme en het affectieve op. Het beschrijft cycli van vernieuwing, decadentie en oedipale rebellie, en onderzoekt wat het zou kunnen betekenen om in te grijpen in hun onverbiddelijke opmars. Hoewel het gezichtspunt uiteindelijk in het heden is geworteld, houdt het toch de mogelijkheid open dat het verruimen van onze horizon wel eens tot andere toekomsten zou kunnen leiden.

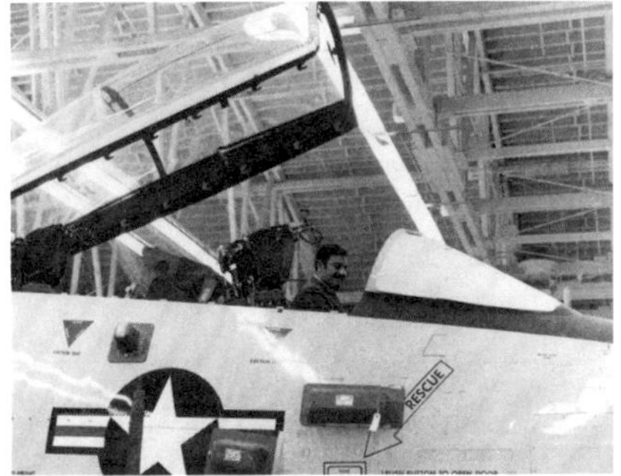

fig.21

'My father examining an F-14 Tomcat fighter jet on the production line at Northrop Grumman in Long Island, USA, 1975.'

"Mijn vader tijdens de inspectie van een F-14 Tomcat gevechtsvliegtuig op de productielijn van Northrop Grumman in Long Island, VS, 1975."

the cockpit with an ace pilot, spinning upside-down over the land of his political dreams and patriotic identity.

In Pouyan's work, vantage points always matter. But the elevation is ultimately a temporal one, a distance that expands our horizons of time, and allows us to see change within what seems rigidly historical. It traces contradictions as they develop, come to a head, and unravel into new configurations. The scene can be agonising, but it's always illuminating. It's the view of a god, a king, a pilot [fig.21], a mapmaker, a historian – but also, at its heart, the view of an artist. It inhabits the voice of authority to invite scepticism and speculation; it takes on the highest of skies to see the beauty of failed dreams. It draws on subjective experience but is never quite personal. It's based on research, reflection, and analysis, but it summons the strange, the sublime, and the affective. It describes cycles of innovation, decadence, and oedipal rebellion, while exploring what it might mean to intervene in their inexorable march. If its vantage point is ultimately rooted in the present, it nonetheless holds out for the possibility that expanding our horizons might lead to different futures.

De hier volgende spreads bevatten afbeeldingen en installatieshots van werken van Shahpour Pouyan waar doorheen de publicatie naar wordt verwezen.

The following spreads contain images and installation shots of works by Shahpour Pouyan that are referenced throughout the publication.

cat.1 Shahpour Pouyan, *Anoshirvan Memorial Building*, 2008.
cat.2 Installation view of Shahpour Pouyan's exhibition, *PTSD*, Lawrie Shabibi, Dubai, 2014.
cat.3 Detail of *Failed Objects* from the exhibition *PTSD*, Lawrie Shabibi, Dubai, 2014.
cat.4 Shahpour Pouyan, *Iranistan*, 2014.
cat.5 Installation view of Shahpour Pouyan, *Unthinkable Thought*, Lawrie Shabibi, Dubai, 2014.
cat.6 Installation view of Shahpour Pouyan, *We Owe This Considerable Land to the Horizon Line*, Galerie Nathalie Obadia, Paris, 2017.
cat.7 Shahpour Pouyan, *Untitled*, 2017.
cat.8 Shahpour Pouyan, *Week 33*, 16 November 2015.
cat.9 Shahpour Pouyan, *Monday Recollection of the Muqarnas Dome*, installation view, Art Basel Hong Kong, Lawrie Shabibi, 2019.
cat.10 Shahpour Pouyan, *Domes*, Grey Art Gallery, New York City, 2014.
cat.11 Installation view, *Projectiles*, Lawrie Shabibi, Dubai, 2011.
cat.12 Shahpour Pouyan, *Projectile 5*, 2011.
cat.13 Shahpour Pouyan, *After "The murder of Afrasiyab"*, 2008.

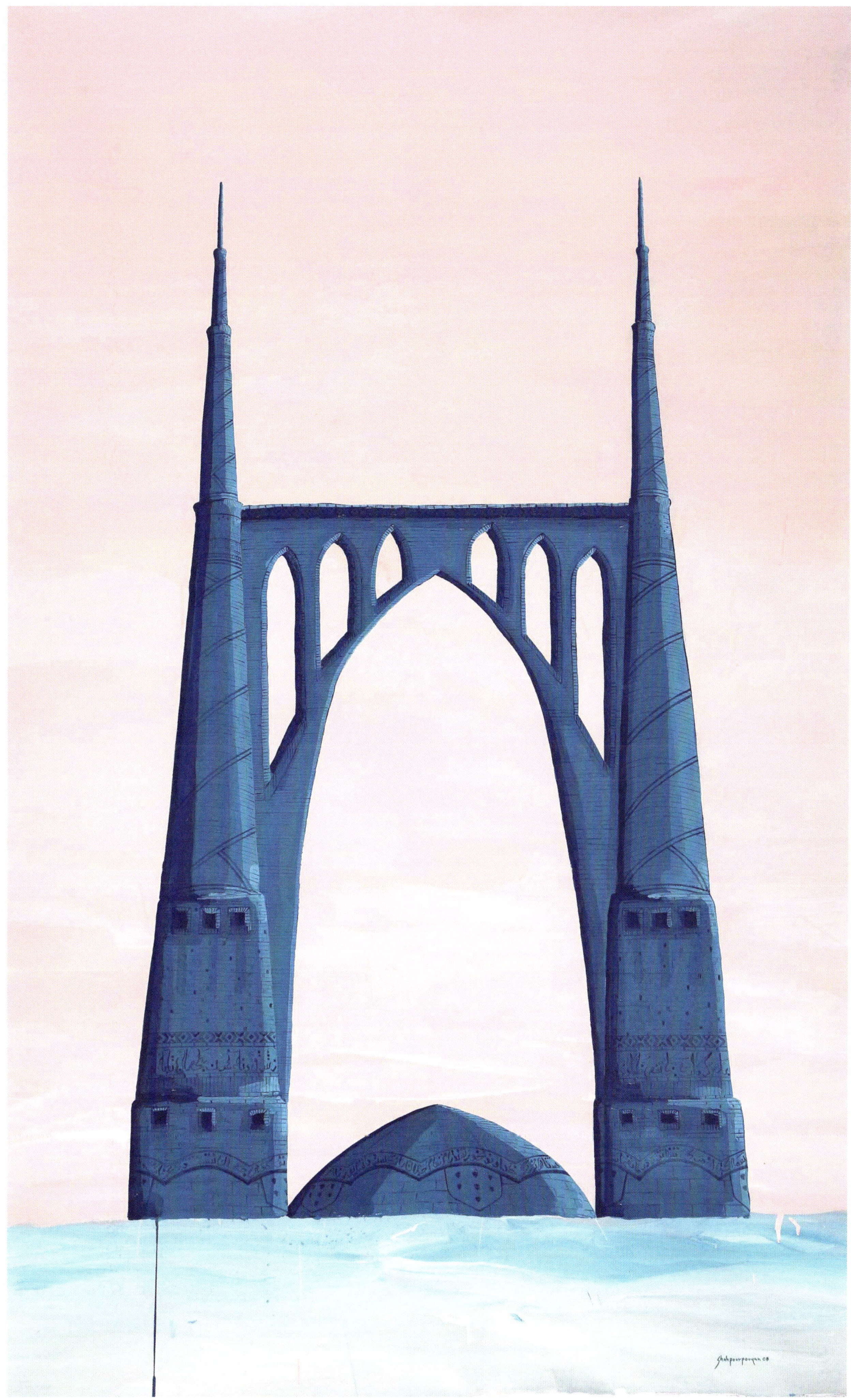

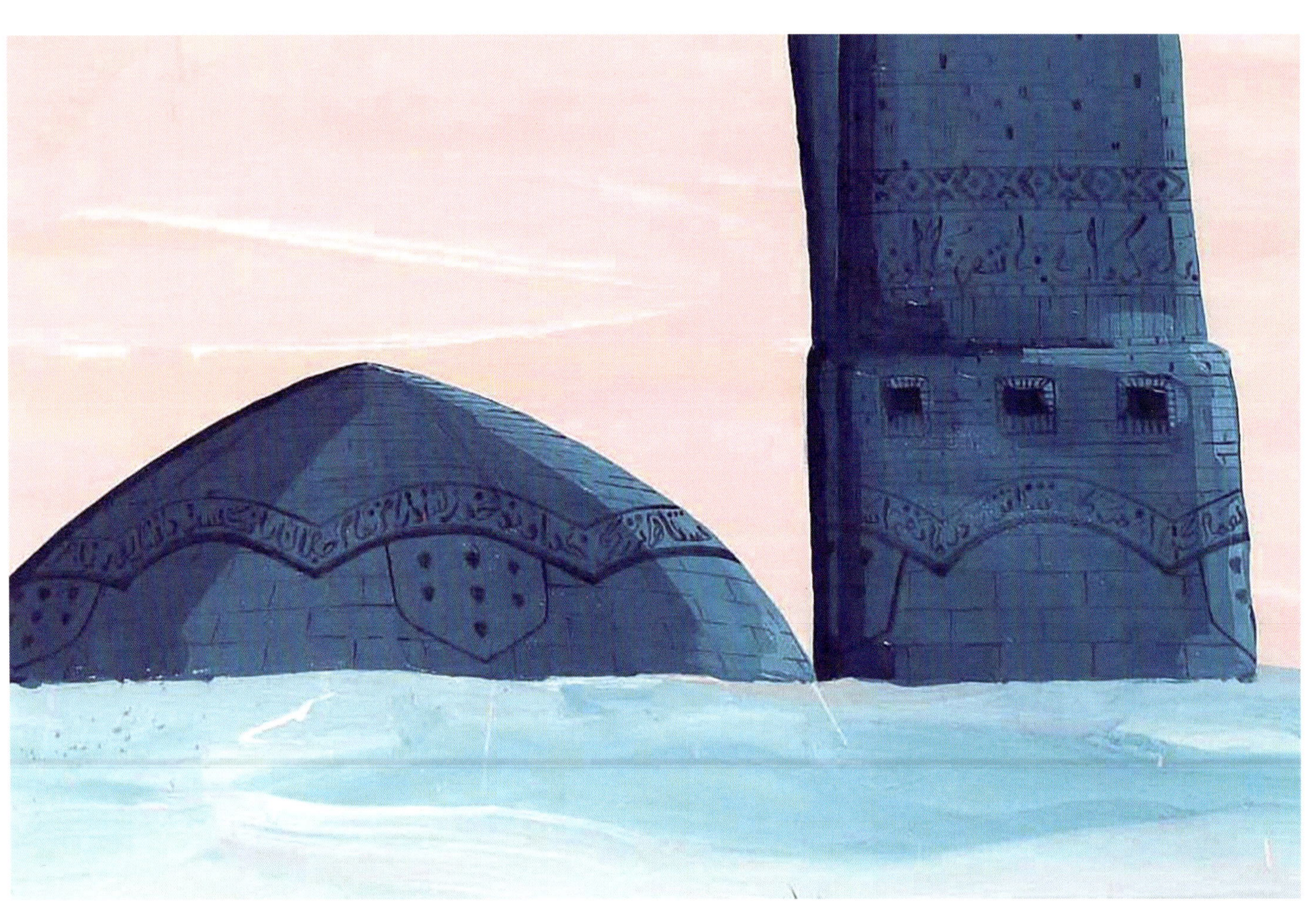

cat.1 Shahpour Pouyan, *Anoshirvan Memorial Building*, 2008, acrylic on canvas, 110 × 180 cm.

'Detail of *Anoshirvan Memorial Building* showing a text that celebrates the late king. These poems are based on Persian medieval eulogistic poems. In the context of these paintings, the names of the medieval kings and lords are removed and replaced by the names of pre-islamic emperors. The decorative and architectural details are based on sketches and notes that I gathered during my visits to historical sites in Iran.'

"Detail van *Anoshirvan Memorial Building* met een tekst die de overleden koning prijst. Deze gedichten zijn gebaseerd op Perzische middeleeuwse lofzangen. In de context van deze schilderijen zijn de namen van de middeleeuwse koningen en landheren verwijderd en vervangen door de namen van pre-islamitische keizers. De decoratieve en architectonische details zijn gebaseerd op schetsen en aantekeningen die ik heb verzameld tijdens mijn bezoeken aan historische plekken in Iran."

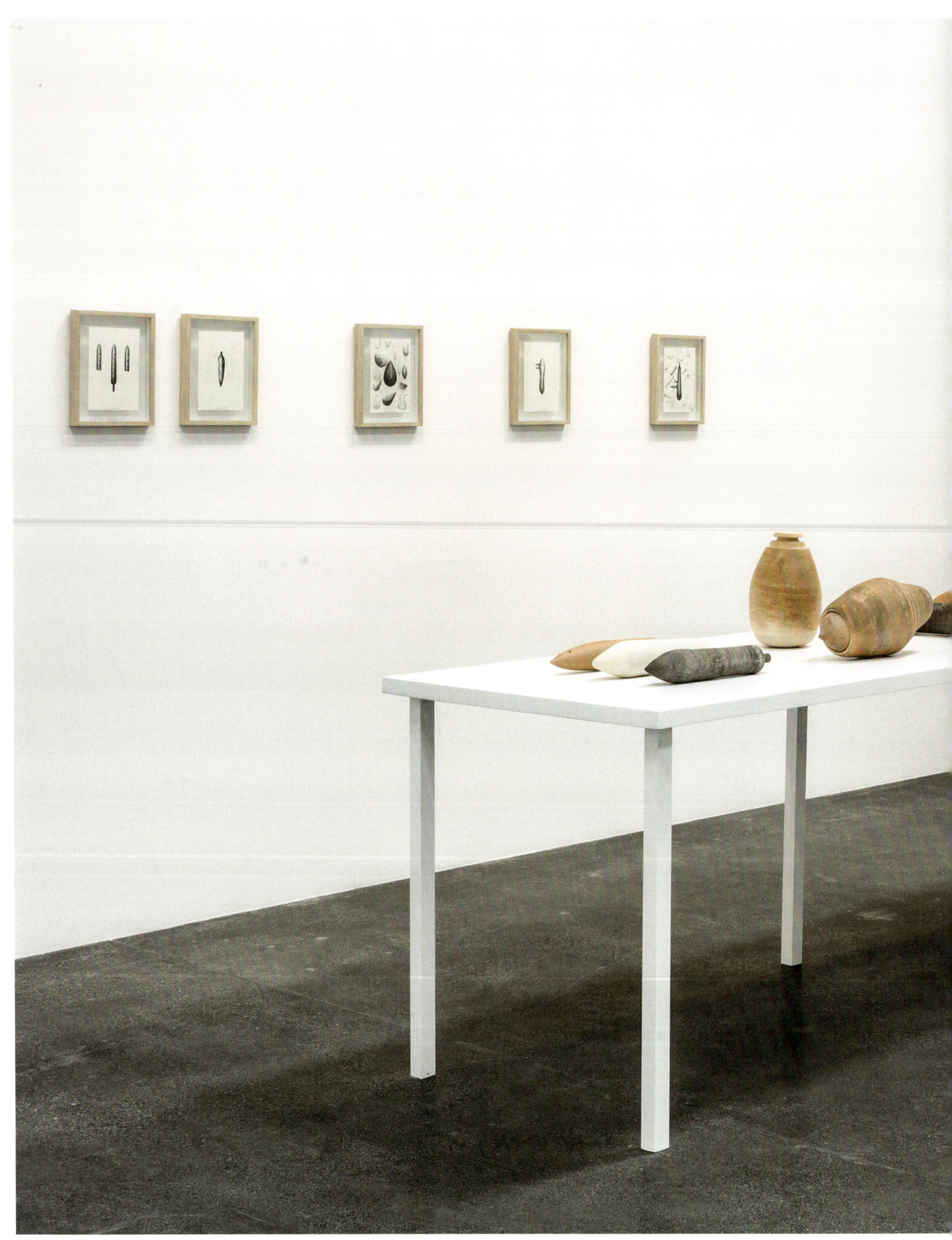

cat.2 Installation view of Shahpour Pouyan's exhibition, *PTSD*, Lawrie Shabibi, Dubai, 2014.

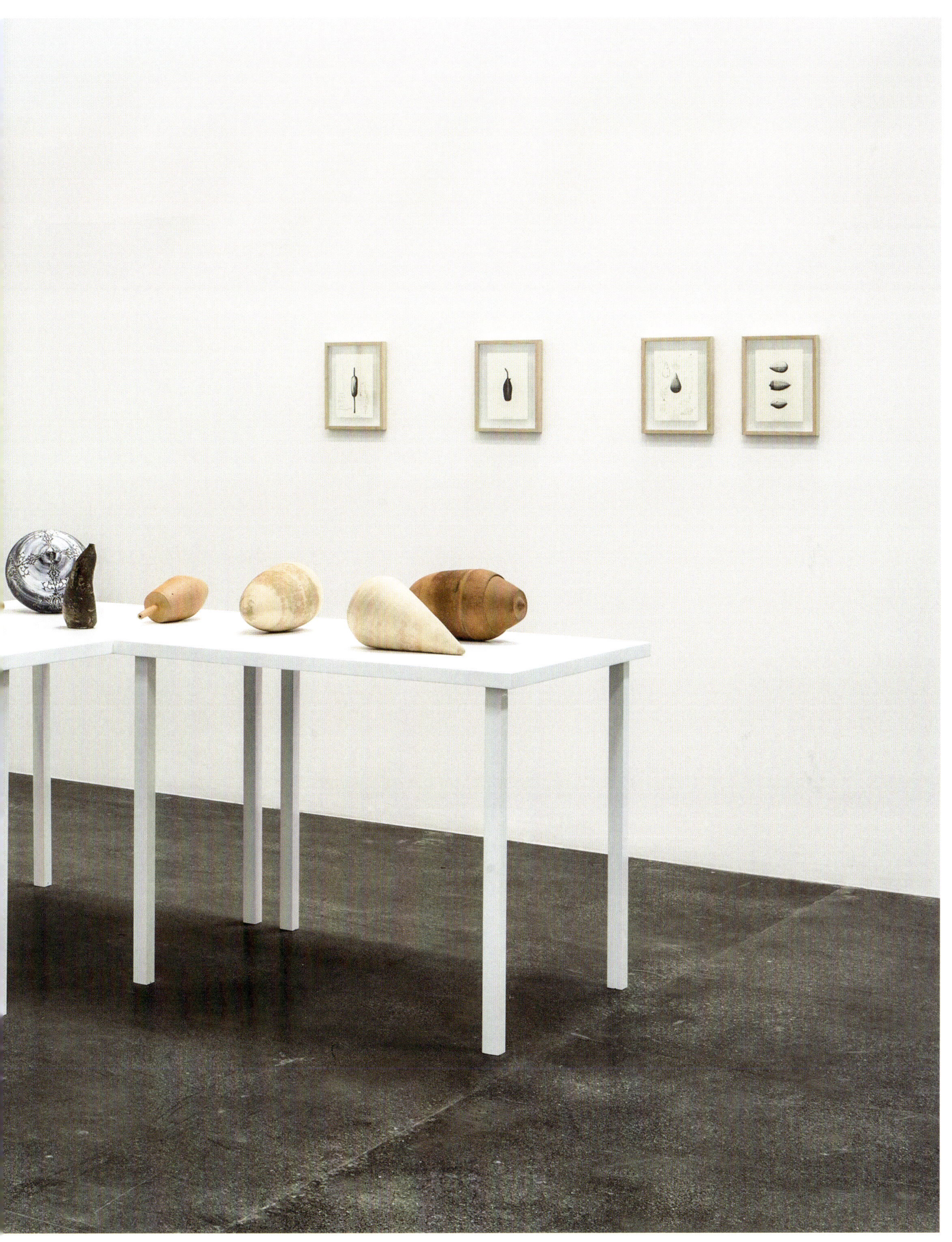

‘*Failed Objects* was my response to experiencing a new identity as an Iranian in the United States. I designed objects that portray the image of my identity. The crafted objects, based on archaic forms, are hollow inside, their content or function almost impossible to guess. *Failed Objects* is inspired by the conical objects found all over the Middle East and Iran. These small objects, mostly from the 9th to 11th century, are called medieval grenades because of their appearance, and because the orientalists couldn’t guess their function. Although the function of the objects is still not resolved, the grenade hypothesis has been rejected because many of these vessels are highly decorated and elaborate.’

“*Failed Objects* was mijn reactie op het beleven van een nieuwe identiteit als Iraniër in de Verenigde Staten. Ik ontwierp objecten die het beeld van mijn identiteit weergeven. De bewerkte objecten, gebaseerd op archaïsche vormen, zijn hol van binnen, hun inhoud of functie is bijna onmogelijk te raden. *Failed Objects* is geïnspireerd op de kegelvormige voorwerpen, meestal daterend uit de 9de tot de 11de eeuw, die overal in het Midden-Oosten en Iran worden gevonden. Deze kleine voorwerpen worden middeleeuwse granaten genoemd vanwege hoe ze eruit zien en omdat oriëntalische archeologen hun functie niet konden raden. Hoewel de functie van de voorwerpen nog steeds niet helder is, is de granaat-hypothese verworpen, omdat veel van deze hulzen uiterst gedecoreerd en bewerkt zijn.”

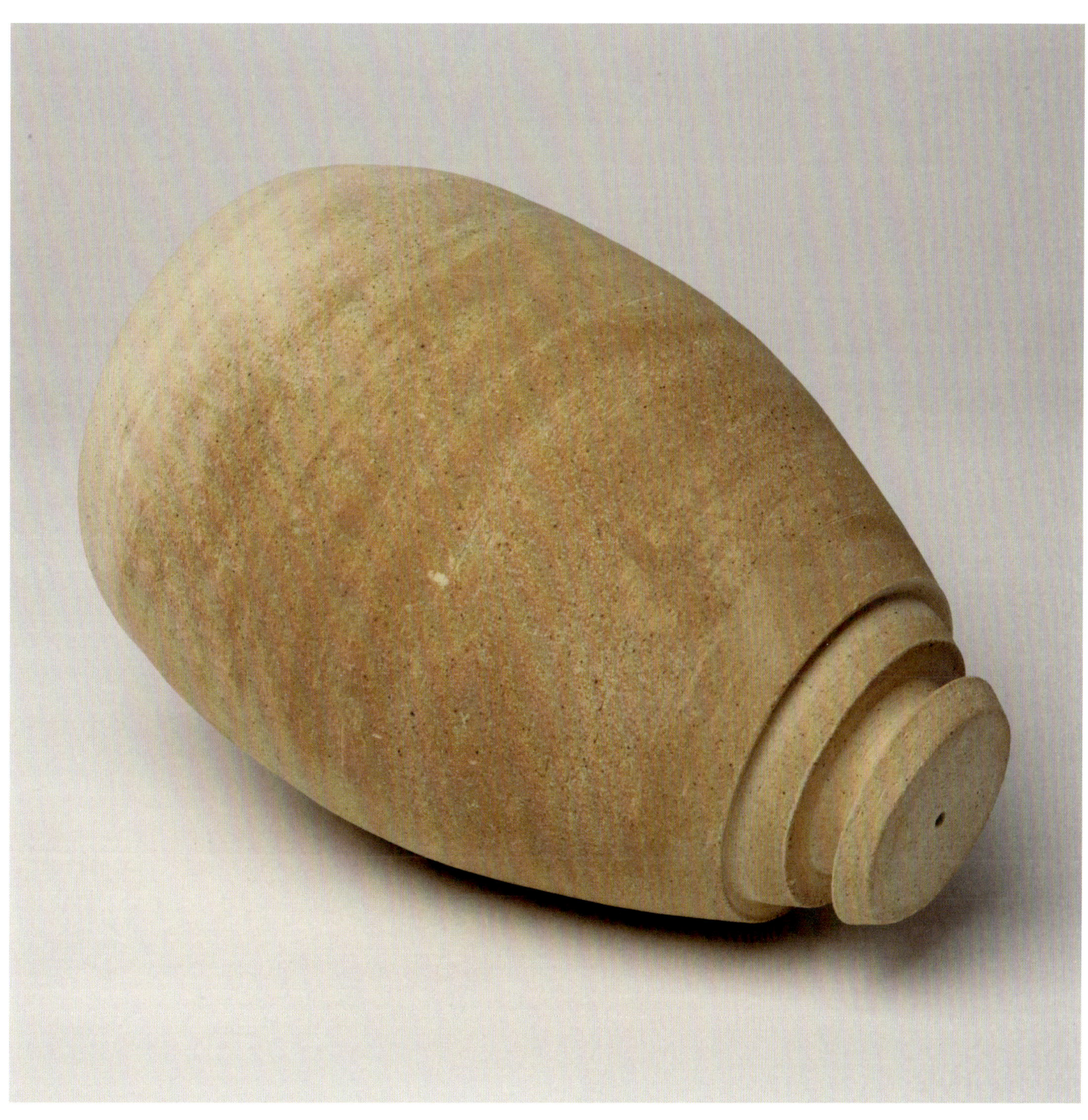

`cat.3` Detail of *Failed Objects* from the exhibition *PTSD*, Lawrie Shabibi, Dubai, 2014.

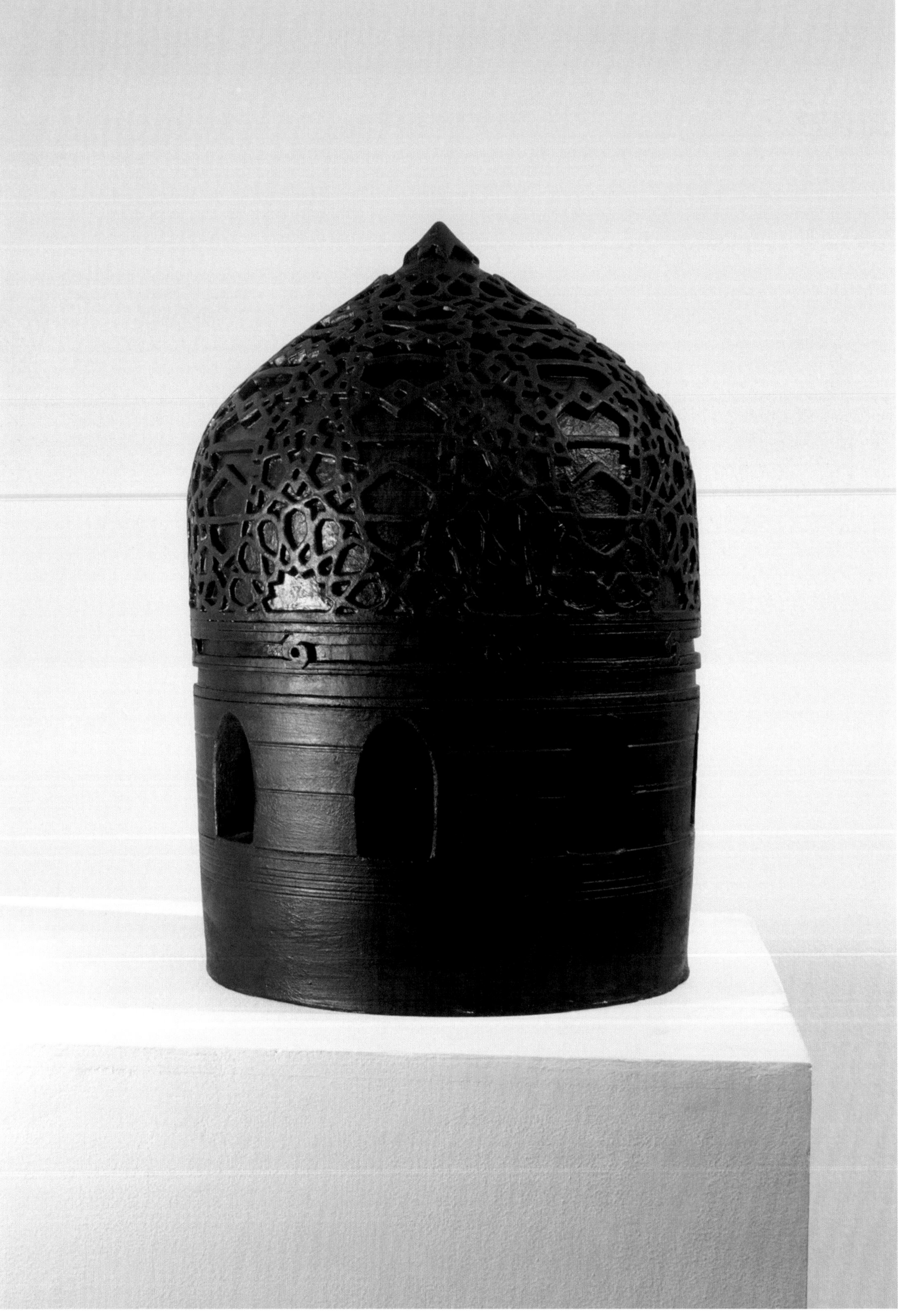

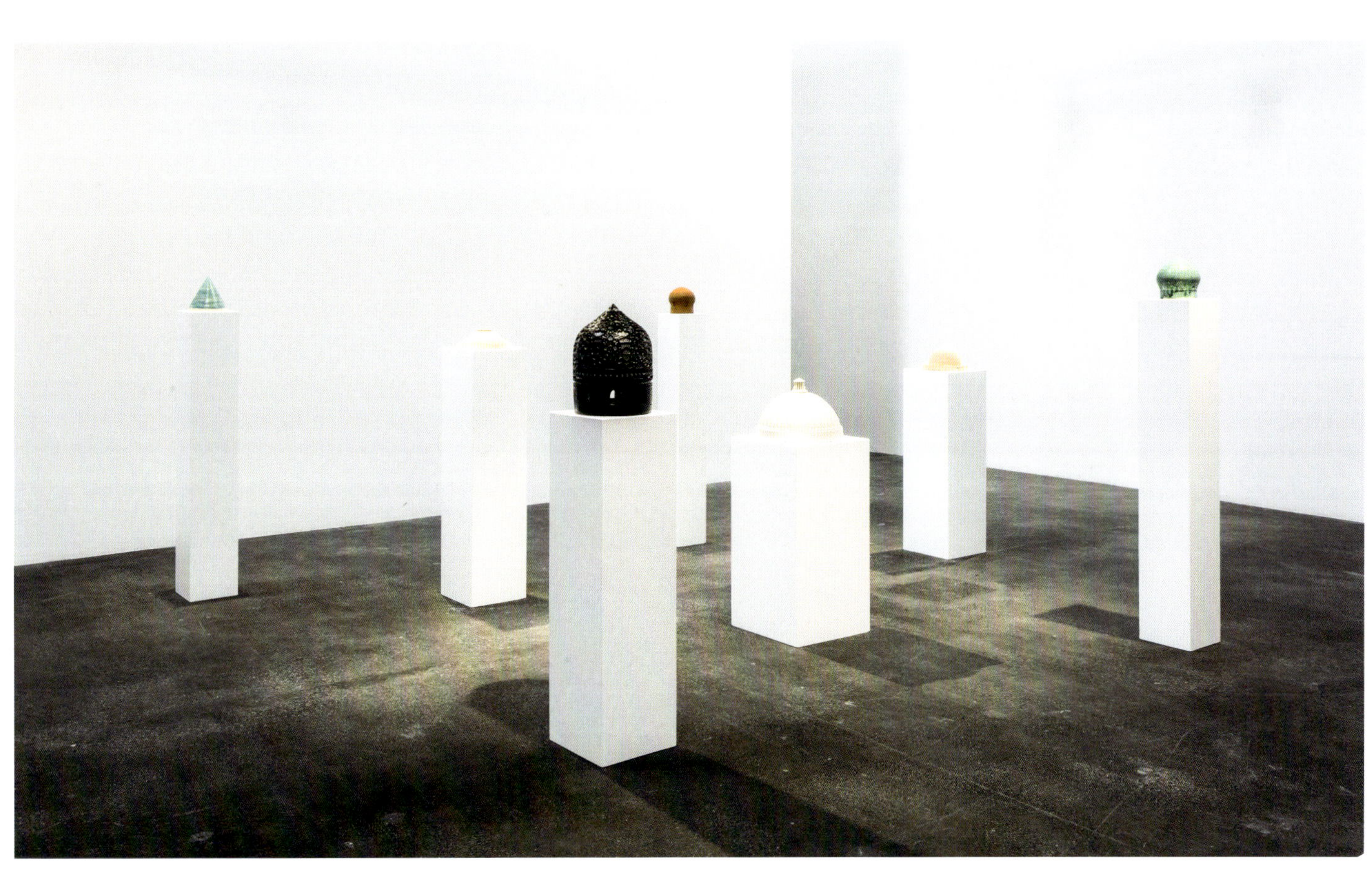

cat.4 Shahpour Pouyan, *Iranistan,* 2014, glazed ceramic, 42 × 31 cm. *Unthinkable Thought*, Lawrie Shabibi, Dubai, 2014.

cat.5 Installation view of Shahpour Pouyan, *Unthinkable Thought*, Lawrie Shabibi, Dubai, 2014.

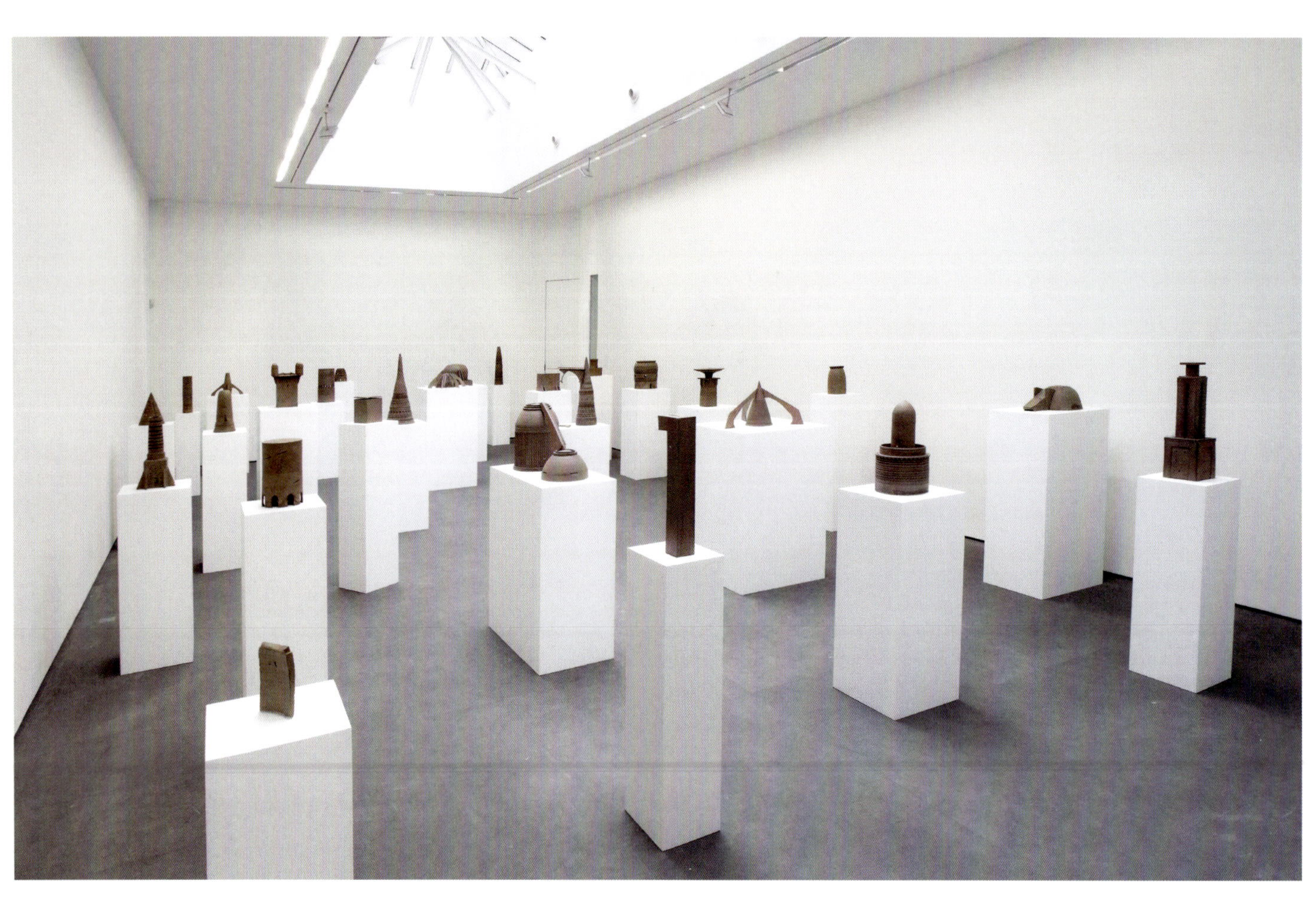

cat.6 Installation view of Shahpour Pouyan,
We Owe This Considerable Land to the Horizon Line,
Galerie Nathalie Obadia, Paris, 2017.

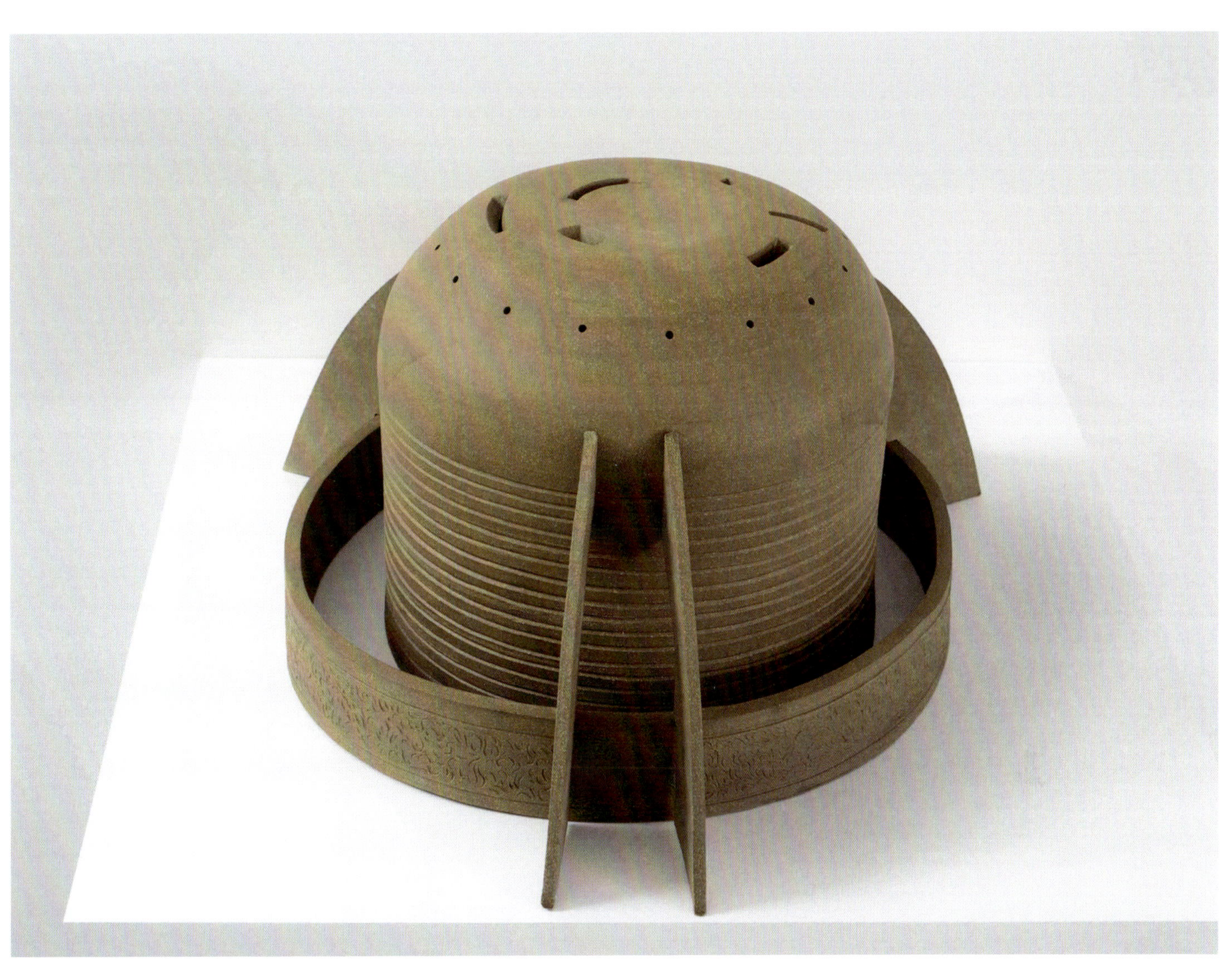

cat.7 Shahpour Pouyan, *Untitled*, 2017, high-fired stoneware, 32 × 60 × 60 cm. *We Owe This Considerable Land to the Horizon Line*, Galerie Nathalie Obadia, Paris, 2017.

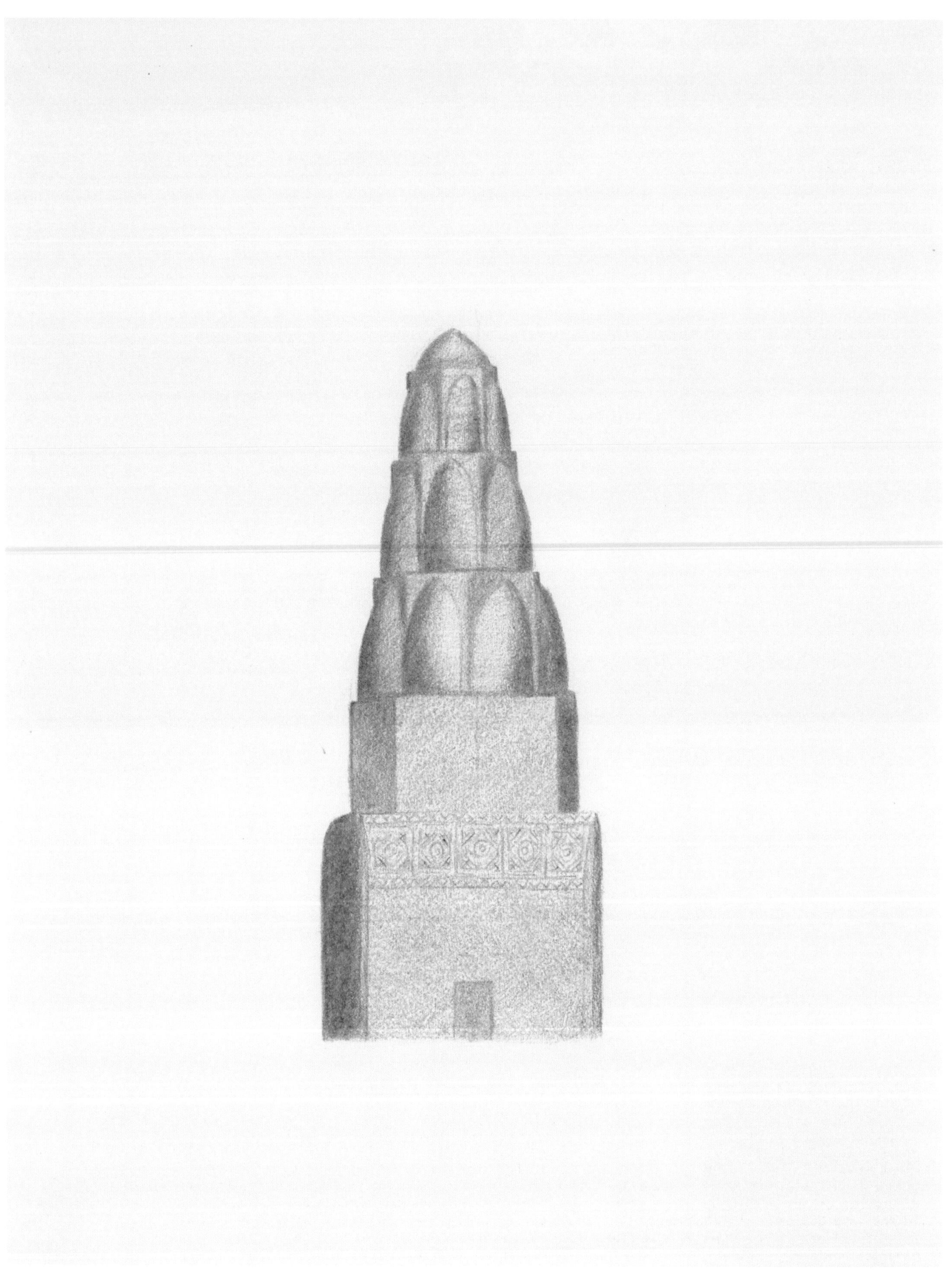

cat.8 Shahpour Pouyan, *Week 33*, 16 November 2015, mixed media on paper, 30.4 × 23 cm. From the series *Monday Recollection of the Muqarnas Dome*, 39 drawings, 2015.

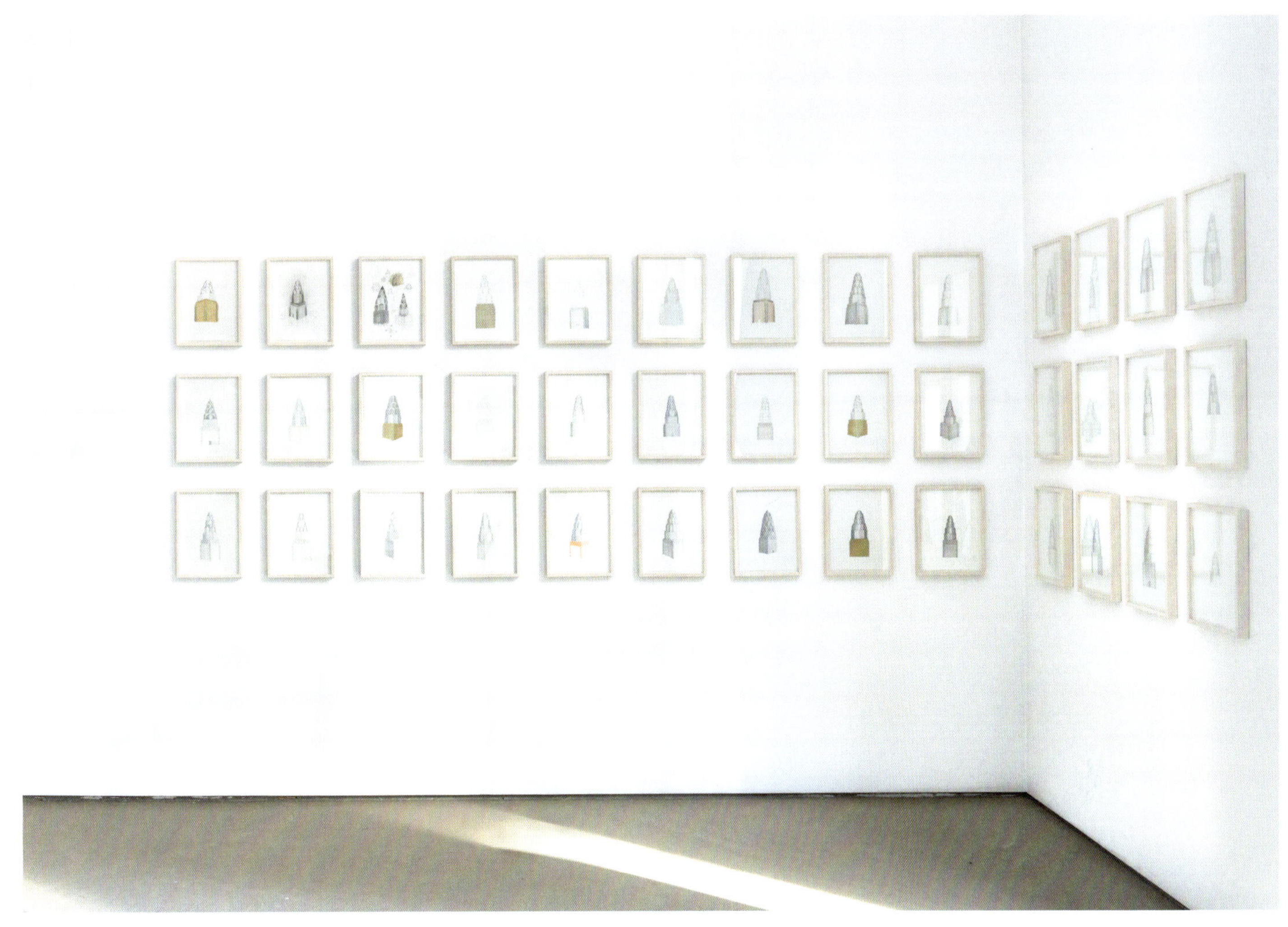

‘Picasso once said that the only way he could get rid of images in his mind was by painting them. I used the same method to mourn the ruined mausoleum in Iraq. One Sunday, I took one last look at an image of the Dome and put the image in a box. The next day I made the first drawing of the Dome from memory, put it in the same box, and never looked at it again. For the next 39 Mondays, I drew from my memories until I got tired. This work is the result of my mourning for the building in a period of 39 weeks.’

“Picasso zei ooit dat de enige manier waarop hij zich van mentale beelden kon ontdoen, was door ze te schilderen. Ik heb dezelfde methode gebruikt om te rouwen om het verwoeste mausoleum in Irak. Op een zondag keek ik nog een laatste keer naar een beeld van de Koepel en stopte het beeld in een doos. De volgende dag maakte ik de eerste tekening van de Koepel uit mijn geheugen, stopte die in dezelfde doos en keek er nooit meer naar. De volgende 39 maandagen tekende ik gebaseerd op geheugen tot ik moe werd. Dit werk is het resultaat van mijn rouw om het gebouw in een periode van 39 weken.”

cat.9 Shahpour Pouyan, *Monday Recollection of the Muqarnas Dome*, installation view, Art Basel Hong Kong, Lawrie Shabibi, 2019.

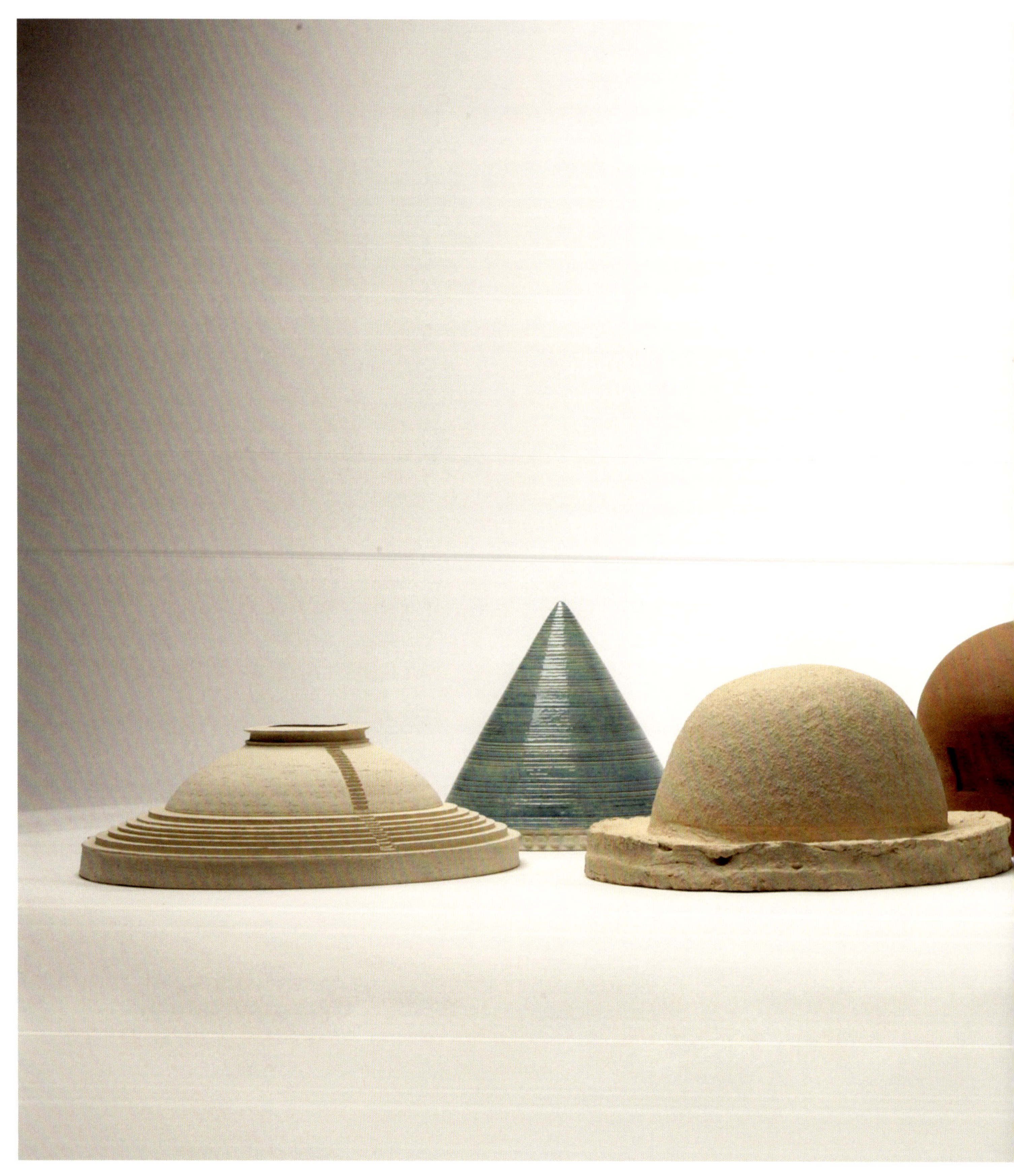

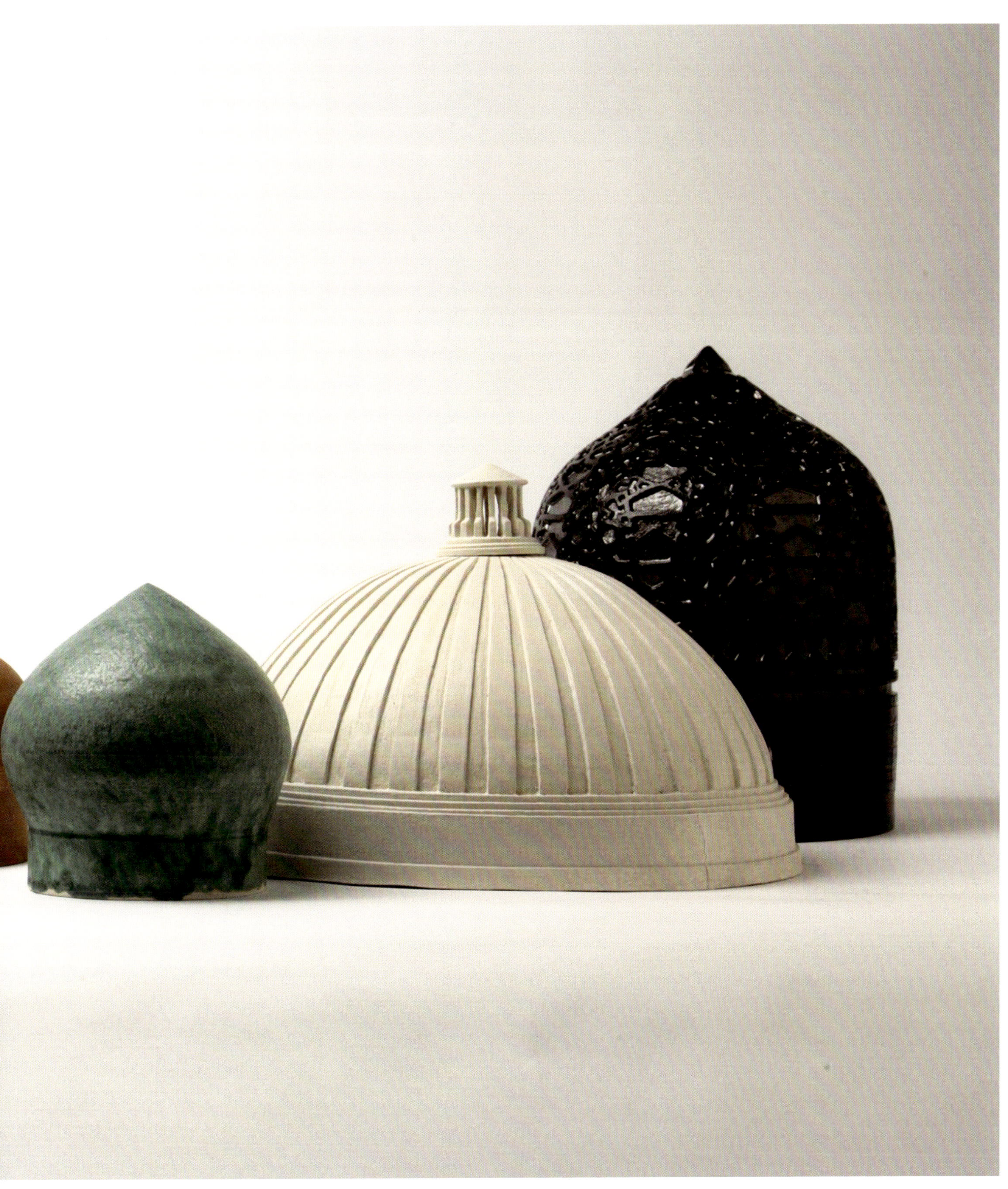

cat.10 Shahpour Pouyan, *Domes*, Grey Art Gallery, New York City, 2014.

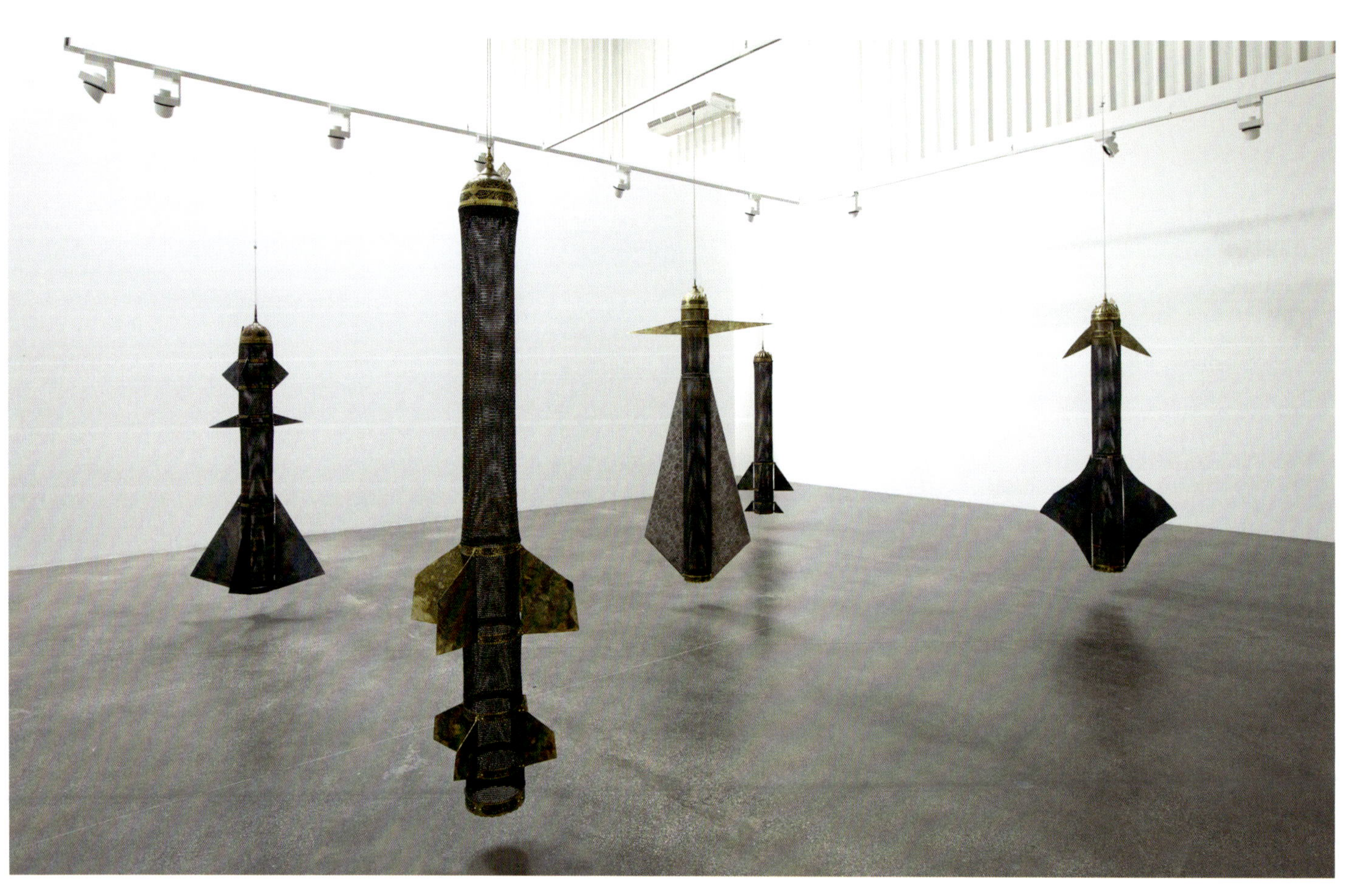

cat.11 Installation view, *Projectiles*, Lawrie Shabibi, Dubai, 2011.

'The *Projectiles* are the first sculptures I made as one series. In medieval times, war was not that different from now, a holder of wealth who could afford to have a good set of armor was relatively safe on the battle-ground, in contrast to the poor soldiers who would get butchered. This reminded me of the drones flying over cities in Afghanistan, where the pilots are safe and the people who would get killed are the poorest fighters or civilians. The *Projectiles* bridge two moments of history that work according to the same rules.'

"De *Projectiles* zijn de eerste sculpturen die ik als één serie heb gemaakt. In de middeleeuwen was oorlog niet veel anders dan nu, iemand met rijkdom die zich een goede wapenuitrusting kon veroorloven was relatief veilig op het slag-veld, in tegenstelling tot de arme soldaten die afgeslacht werden. Dit deed me denken aan de drones die over steden in Afghanistan vliegen, waar de piloten veilig zijn en de mensen die gedood zouden worden tot de armste strijders of burgers behoren. De *Projectiles* slaan een brug tussen twee momenten in de geschiedenis die volgens dezelfde regels opereren."

'The *Projectiles* are the result of my collaboration with armour masters in south Tehran, consisting of a refugee family from Afghanistan and an Iranian master of chain mail who is the fifth generation of armor makers and whose family was active in the past two royal dynasties of Iran. The texts on the sculptures' body are eulogies that praise kings and emirs of medieval Persia, which I found in medieval chronicles. The names of the kings are replaced by my own name, engraved on the metal.'

"De *Projectiles* zijn het resultaat van mijn samenwerking met harnasmeesters in het zuiden van Teheran. Dit was een vluchtelingenfamilie uit Afghanistan en een Iraanse meester van de maliënkolder die de vijfde generatie van harnasmakers is en wiens familie werkzaam was tijdens de afgelopen twee koninklijke dynastieën van Iran. De teksten op het beeldhouwwerk zijn loftuitingen aan koningen en emirs van middeleeuws Perzië die ik in kronieken van die tijd heb gevonden. De namen van de koningen zijn vervangen door mijn eigen naam, gegraveerd in het metaal."

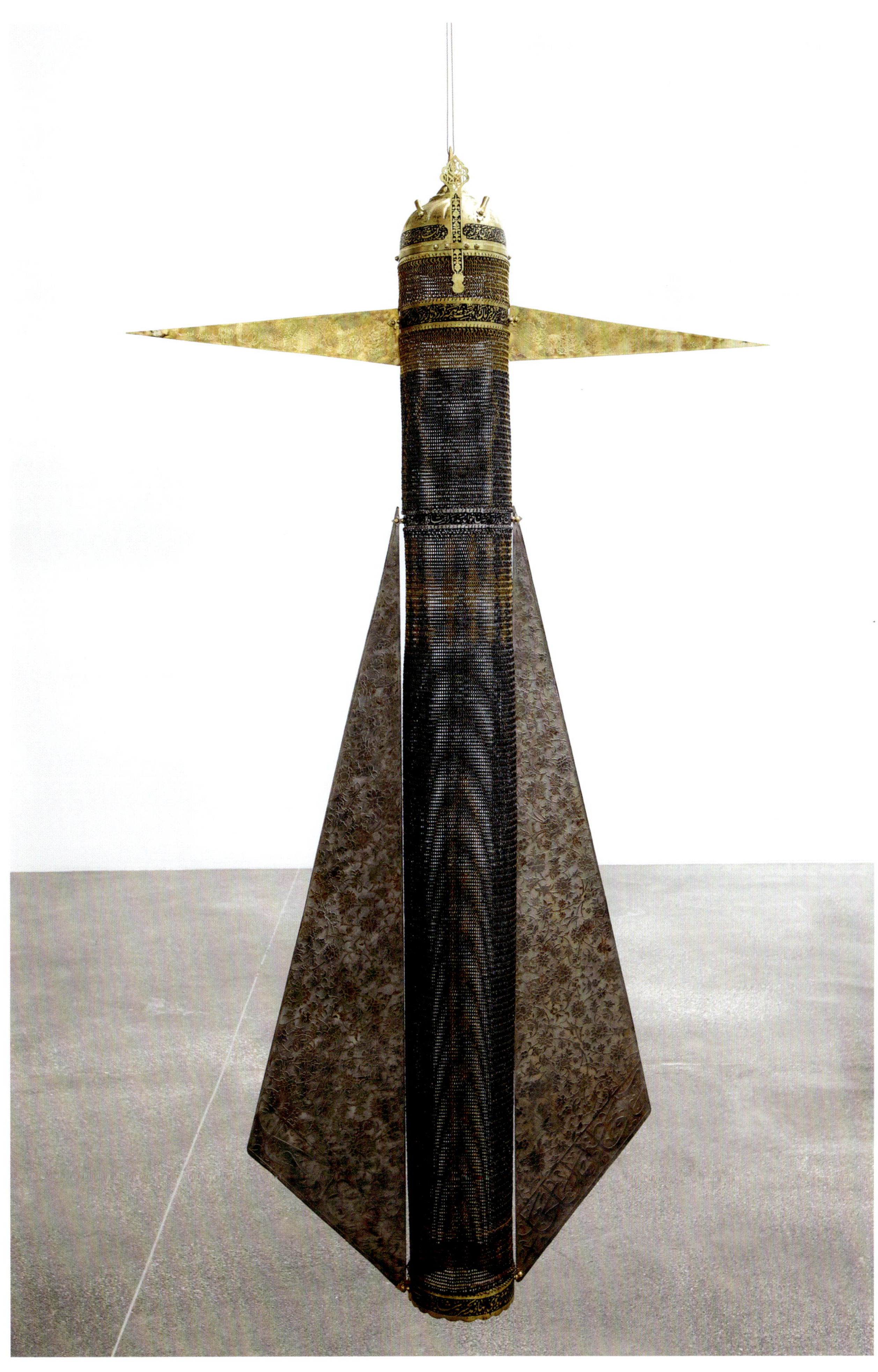

cat.12 Shahpour Pouyan, *Projectile 5*, 2011, chainmail, helmet, brass and etching on steel, 180 × 80 × 116 cm.

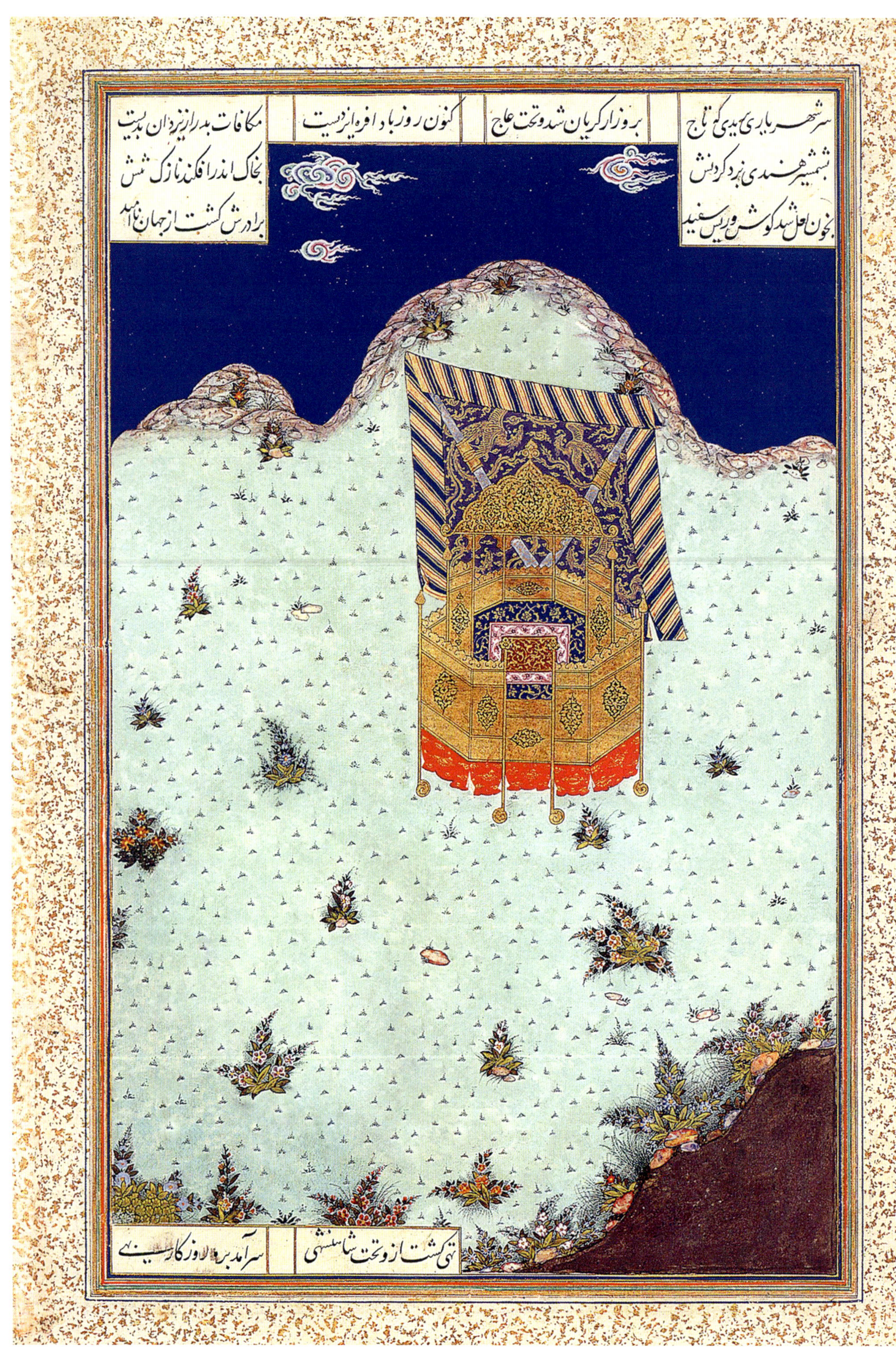

cat.13 Shahpour Pouyan, *After "The murder of Afrasiyab"*, 2008, mixed media on Japanese rice paper, 27.3 × 17.8 cm.

LOOKING BACK AT THE EARTH

Een gesprek tussen Pepe Karmel en Shahpour Pouyan

PK Wanneer een bezoeker de tentoonstelling in het Museum Dhondt-Dhaenens binnenwandelt, ziet hij of zij een doosachtige toren in jaren '60-stijl met strookvormige ramen. Op het eerste gezicht lijkt die onopvallend – behalve dan dat hij ondersteboven staat en neerdaalt vanuit het dakraam. Dan merken ze dat het gebouw omringd is door een uitgestrekt tarweveld. Wat is hier aan de hand? Waarom staat het gebouw op zijn kop? Waarom de tarwe?

SP Ik wilde een droomscène creëren. Soms heb je een droom die heel echt lijkt: je kunt alles duidelijk zien, je kunt dingen aanraken en ze lijken stevig. Andere keren weet je dat je aan het dromen bent. De installatie is bedoeld om zeer realistisch te zijn, maar tegelijkertijd onaanraakbaar en verwarrend. De tarwe is echt. Je kunt ze ruiken. Het gebouw maakt je duizelig omdat het boven neerdaalt. Als je de installatie binnenloopt, krijg je een perspectief dat je in het normale leven nooit meemaakt.

PK De juxtapositie van tarwe en een luchtverkeerstoren zou surrealistisch lijken, zelfs als de toren niet op zijn kop stond. Het verbouwen van tarwe is een eeuwenoude activiteit die teruggaat tot het begin van de landbouw en de beschaving in Mesopotamië. Maar de wereld van vliegtuigen en verkeerstorens is bij uitstek modern. Misschien symboliseren vliegtuigen het moderne leven, zoals tarwe de oudheid symboliseert? Kun je wat meer vertellen over de gebeurtenissen die hebben geleid tot de kruising van de twee elementen in je installatie?

SP In 1979, toen de revolutie plaatsvond, werkten mijn vader en zijn collega's op hun militaire basis. In die tijd waren ze zeer positief over de veranderingen die plaatsvonden. Ze zaten boordevol energie. Ze hadden het gevoel dat zij de controle hadden en de loop van hun leven konden veranderen. Iemand zei tegen mijn vader: "We hebben een sterk leger, dus we kunnen het land verdedigen. Niemand durft Iran aan te vallen. Maar we hebben niet genoeg tarwe. Waarom doen we daar niet iets aan? Laten we met de landbouw beginnen. We kunnen genoeg tarwe verbouwen om Iran onafhankelijk te maken."

Ze kwamen samen en plantten tarwe *op* de militaire basis. Het lijkt grappig dat je een boerderij kunt beginnen op een militaire basis. Maar deze basis was enorm – de grootte van een stad. Ze besloten gewoon om tarwe te gaan verbouwen. Ze gingen 's morgens vroeg naar de boerderij, deden dan hun werk op de basis en werkten vervolgens weer op de boerderij tot laat in de avond. Ze hadden tijd en genoeg land. Het probleem was dat het land niet vruchtbaar was.

PK Wanneer zijn ze daarmee begonnen? Tijdens de revolutie? Was er een voedselcrisis die hen hiertoe aanzette? Was er een tekort?

SP Al deze dingen gebeurden na de revolutie, van 1979 tot 1981. Er was geen tekort, maar ik moet uitleggen dat tarwe in Iran het meest strategische gewas is. Brood is heel belangrijk in het Iraanse dieet, net als in het oude Rome, waar de keizers wisten dat zij moesten zorgen voor 'brood en spelen'. Het vliegtuig symboliseerde de komst van modernisme en veiligheid in Iran. De sjah was geobsedeerd door de luchtmacht. Geopolitiek gezien zijn wij een land dat omringd is door bergen; het is niet gemakkelijk voor een leger om het Iraans grondgebied binnen te vallen. Maar onze achilleshiel is de lucht. Iran had een sterke luchtmacht nodig voor zijn verdediging. Ik denk dat de sjah daarom zoveel in vliegtuigen investeerde. Hij testte zelfs eigenhandig F-14 vliegtuigen om de beslissing over de aankoop te nemen.

Revoluties beloven altijd het volk te voeden, en tarwe, als strategisch gewas, werd het symbool van de revolutie. Het is de sikkel in de hamer-en-sikkel. De uitvinder van dat symbool had een goed inzicht in iconografie. Tarwe werd de iconografie van de militaire landbouw als inspanning om de revolutie te ondersteunen. Tarwe en landbouw spelen een grote rol in de kunstgeschiedenis. Je ziet ze in Vlaamse en Italiaanse schilderkunst uit de renaissance. Je ziet ze terug in communistische propaganda van de Sovjet-Unie tot China en Cuba ...

Dit zijn twee van de belangrijkste elementen van mijn installatie: het ene staat voor veiligheid en beveiliging tegen aanvallen, het andere voor de veiligheid en beveiliging van de voedselvoorziening van de bevolking.

PK Je vader speelt een belangrijke rol in dit verhaal. Kun je wat meer over hem vertellen? Was hij een piloot?

SP Mijn vader diende vijfentwintig jaar in het leger, maar hij had geen militaire functie. Hij was geen piloot. Mijn grootmoeder wilde niet dat hij piloot werd, omdat ze dacht dat het te gevaarlijk was. Hij was ingenieur elektronica en navigatiesystemen voor Amerikaanse straaljagers zoals de

LOOKING BACK AT THE EARTH

A Conversation between Pepe Karmel and Shahpour Pouyan

PK When a visitor walks into your exhibition in Museum Dhondt-Dhaenens, they see a boxy, 1960s-style tower with strip windows. At first glance, it seems unremarkable – except for the fact that it's upside-down, descending from the skylight. Then they notice that the building is surrounded by an expanse of wheat. What is going on here? Why is the building upside-down? Why the wheat?

SP I wanted to create a dream scene. Sometimes you have a dream that seems very real: you can see everything clearly, you can touch things and they seem solid. Other times, you know you are in a dream. The installation is intended to be very realistic, but at the same time untouchable and confusing. The wheat is real. You can smell it. The building makes you feel dizzy because it's descending from above. When you walk into the installation, you get a perspective that you never experience in normal life.

PK The juxtaposition of wheat and an air traffic control tower would seem surreal even if the tower wasn't upside-down. Growing wheat is an ancient activity, it goes back to the beginnings of agriculture and civilisation in Mesopotamia. But the world of aeroplanes and control towers is quintessentially modern. Perhaps aeroplanes symbolise modern life the way that wheat symbolises the ancient world? Can you say more about the events that led to their intersection in your installation?

SP In 1979, when the revolution happened, my dad and his colleagues were working on their military base. At the time, they were very positive about the changes that were happening. They had a lot of energy. They felt that they were in control and could change the course of their life. Somebody told my father: 'We have a strong military, so we can defend the country. No one dares to attack Iran. But we don't have enough wheat. Why don't we do something about that? Let's start farming. We can grow enough wheat to help make Iran independent.'

They got together and planted wheat *in* the military base. It seems funny that you could start a farm in a military base. But this base was huge – the size of a city. They just decided to start growing wheat. They would go out to farm early in the morning, then do their jobs at the base, then work on the farm again until later in the evening. They had time and plenty of land. The problem was that it wasn't fertile.

PK When did they start doing this? During the revolution? Was there a food crisis that provoked them to do this? Was there a shortage?

SP All these things happened after the revolution, from 1979 until 1981. There was no shortage, but I should explain that in Iran wheat is the most strategic crop there is. Bread is quite important in the Iranian diet, as it was in ancient Rome, where the emperors knew they had to provide "bread and circuses." The aeroplane symbolised the arrival of modernism and security in Iran. The shah was obsessed with the Air Force. Geopolitically, we are a country surrounded by mountains; it's not easy for an army to invade Iranian territory. But our Achilles' heel is the sky. Iran needed a strong Air Force for its defence. I think that's why the shah invested so much in planes. He even tested F-14 airplanes himself to make the decision regarding any purchases.

Revolutions always promise to feed the people, and wheat, as a strategic crop, became the symbol of revolution. It is the sickle in the hammer-and-sickle. Whoever invented that symbol had some insight into iconography. Wheat became the iconography of military farming as a performance in support of the revolution. Wheat and farming play a large role in art history. You see them in Flemish and Italian paintings from the Renaissance. You see them again in communist propaganda from the Soviet Union to China and Cuba...

These are two of the main elements of my installation: one represents security and safety against aggression, the other represents the security and safety of the people's food supply.

PK Your father plays an important role in this story. Can you tell me a bit more about him? Was he a pilot?

SP My dad served in the military for twenty-five years, but he didn't have a military function. He wasn't a pilot. My grandmother wouldn't let him be a pilot, because she thought it was too dangerous. He was an electronic and navigation engineer for American jet fighters such as the F4, F5, and F14, maintaining their electronic systems, navigation systems and electronic records. The engineers used to wear a different uniform from the military officers, they were not military figures but they ranked as officers after the war. It was one of the reasons why the engineers in the army supported the revolution. They were paid better than officers, but they were not treated the same.

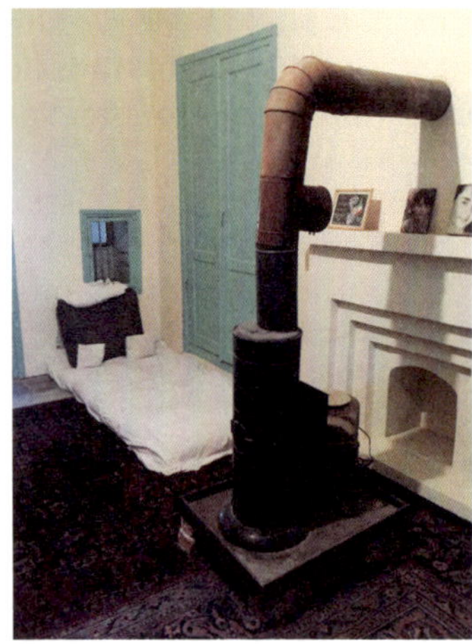

fig.22

'Last year I visited the house where the first prime minister of Iran, Mohammad Mossadegh, lived the last years of his life in exile after a British-American coup. This is the bed he slept and died in, a humble and uncomfortable end to the celebrated "man of the year" in *Time Magazine*, the man who nationalised oil in Iran. His place of exile in Ahmadabad-e Mosaddeq is in a state of ruin and it was forbidden to visit it, so I had to bribe the gardener to sneak in. The house is not maintained, with deep cracks in every wall. Clearly Mosaddegh's heritage is as abandoned as his legacy.'

"Vorig jaar bezocht ik het huis waar de eerste premier van Iran, Mohammad Mossadegh, de laatste jaren van zijn leven in ballingschap doorbracht na de Brits-Amerikaanse staatsgreep. Dit is het bed waarop hij sliep en stierf, een nederig en ongemakkelijk einde van de gelauwerde 'man van het jaar' in *Time Magazine*, de man die olie in Iran nationaliseerde. Zijn ballingsoord in Ahmadabad-e Mosaddeq is in een vervallen staat en het was verboden het te bezoeken, dus moest ik de tuinman omkopen om binnen te kunnen sluipen. Het huis is niet onderhouden, met diepe scheuren in elke muur. Het is duidelijk dat Mosaddegh's patrimonium net zo vervallen is als zijn nalatenschap."

F4, F5 en F14, en onderhield hun elektronische systemen, navigatiesystemen en elektronische logs. De genietroepen droegen een ander uniform dan de militaire officieren, zij waren geen militairen, maar na de oorlog kregen zij de graad van officier. Het was een van de redenen waarom de ingenieurs in het leger de revolutie steunden. Ze werden beter betaald dan officieren, maar ze werden niet op dezelfde wijze behandeld.

PK Weinigen herinneren zich hoe hecht Iran en de VS waren, of de door de CIA gesponsorde staatsgreep tegen premier Mohammad Mossadeq in 1953. [fig.22] Mossadeq vond dat de Anglo-Iranian Oil Company, die in Britse handen was, te veel van de winsten van de Iraanse olie afsnoepte en wilde het contract herzien. De CIA heeft hem omvergeworpen om de Britse financiële belangen te beschermen en de macht in de handen van de sjah te concentreren. Mijn indruk is dat de staatsgreep van 1953 zelfs nu nog een belangrijke bron is van Iraanse wrok tegen de Verenigde Staten. Bovendien hadden vele intellectuelen in Iran in de jaren zestig het moeilijk met de nauwe betrekkingen tussen de sjah en de Verenigde Staten en vonden zij dat de modernisering een te hoge prijs had. Hoe werden je ouders beïnvloed door deze politieke situatie?

SP Ik denk niet dat die hen zo erg getroffen heeft, want mijn vader was pas acht of negen jaar oud toen de staatsgreep plaatsvond. Hij was zich er niet van bewust. Mijn ouders hadden niet genoeg toegang tot informatie om te begrijpen wat er aan de hand was. Vanaf de tijd dat mijn vader tien jaar oud was tot hij twintig was, was de sjah erg populair in Iran vanwege de welvaart en de sociale en religieuze vrijheid in het land. De mensen hadden het goed, dus hielden ze van hem.

PK Over welke jaren hebben we het?

SP De jaren 1950 en 1960, en zelfs de vroege jaren 1970. In het midden van de jaren 1970 veranderde alles drastisch door de stijging van de olieprijzen en andere problemen. Het land moderniseerde snel en veel mensen verlieten hun dorpen om naar de stad te trekken. Maar er waren niet genoeg banen. Het was een tijd van grote sociale veranderingen. Iran veranderde van een overwegend agrarische samenleving en economie in een industrieel land. Er woonden plotseling meer mensen in steden dan in dorpen.

Vergeet niet dat de regering van de sjah na de staatsgreep van 1953 de belangrijkste politieke elites in Iran heeft uitgeschakeld. Mijn vader en moeder groeiden op in de twintig jaar na de machtsovername door de sjah, toen hij het land

PK Few remember how close Iran and the US were, or the CIA-sponsored coup against Prime Minister Mohammad Mossadeqh in 1953. [fig.22] Mossadegh felt that the British-owned Anglo-Iranian Oil Company was siphoning off too much of the profits from Iranian oil and wanted to revise its contract. The CIA overthrew him to protect British financial interests, and to concentrate power in the hands of the shah. My impression is that, even today, the 1953 coup is a major source of Iranian resentment against the United States. Furthermore, in the 1960s, many intellectuals in Iran resented the close relationship between the shah and the United States, and felt that modernisation was coming at too high a price. How were your parents affected by this political situation?

SP I don't think it affected them that much, because my dad was only eight or nine years old when the coup happened. He wasn't aware of it. My parents didn't have enough access to information to understand what was happening. From the time my dad was ten years old until he was twenty, the shah was very popular in Iran because of the prosperity and the social and religious freedom in the country. People were well-off, so they loved him.

PK What years are we talking about?

SP The 1950s and the 1960s, and even the early 1970s. In the mid-70s everything changed drastically because of the rise in oil prices and other problems. The country was modernising rapidly, and many people left their villages to move to the city. But there weren't enough jobs. It was a time of major social transformation. Iran changed from a dominantly agricultural society and economy to an industrial country. There suddenly was a larger population of people living in cities than in villages.

Don't forget that after the 1953 coup, the shah's government eliminated major political elites in Iran. My dad and my mom grew up during the twenty years after the Shah took control, when he was modernising the country. It was a depressing era for what remained of the intellectual elite, but not for the middle and working classes in Iran, who were supportive of the shah. My parents weren't part of the intellectual elite.

PK Why were the elites so unhappy?

SP Because democracy was gone, and the leader who had nationalised oil was gone. Politically, the country went backwards. The shah controlled everything. For Iranian intellectuals, thinkers, and politicians, it was a great depression. But economically it was a golden age of industrialisation and modernisation – a time of great prosperity.

PK That's an interesting contradiction. And yet there was enough discontent to cause the 1979 revolution. Which is remembered in the United States principally for the seizure of the US Embassy and the way the embassy staff were held hostage from November 1979 until January 1981. [fig.23,24]

SP The international image of Iran and especially the image of the first years of the revolution are very different from what happened inside the country. First of all, the first year of the revolution was heavenly, it was completely free. There was no hijab, there was no censorship. There were so many newspapers, magazines, books; everyone could publish what they wanted. Many political parties were active, and you could hear so many debates between people from different political groups and ideologies. This is the time when my parents and their friends decided to grow wheat – when they were completely free.

PK Even in the US, I remember reading about this extraordinary moment of openness and possibility. It's hard to believe now because Iran has been a theocracy for forty years since then. Your parents must have been very happy. They had wanted change and now, in that first year of the revolution, there was freedom and openness.

SP They were over the moon. But it only lasted for one year!

PK So the decision to grow wheat was almost symbolic.

SP I don't think it was symbolic. They really wanted to change something. They had this very positive attitude, and an optimistic vision; they had a dream of utopia. I think that for them, growing wheat seemed like the most obvious thing to do, because their military base was next to open plots of land. It was organic and disorganised. It had nothing to do with the government; it was a decision made by a group of friends. My dad tells me that the group included leftists, Islamists, and nationalists. No one cared about their differences, they were just so happy to be together, to work side-by-side.

PK You mentioned to me previously that when you grew up, learned about the world, and began to have political opinions, you found that you didn't always agree with your parents' support for the revolution. Can you

fig.23

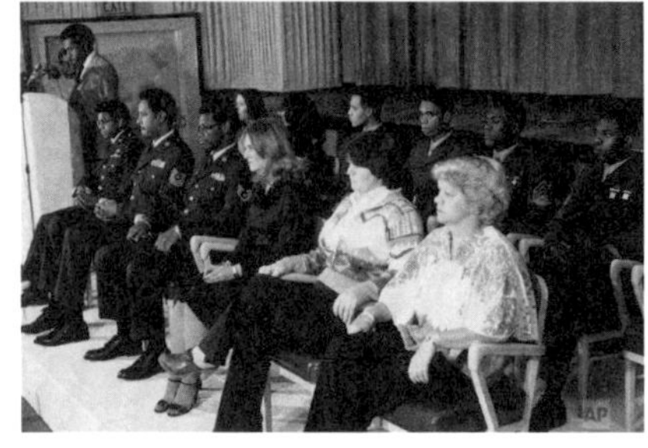

'On 20 and 21 November 1979, revolutionary students released 13 hostages from the US embassy in Tehran, out of a total of 62. The students released the black and female hostages because they were presumed to be suppressed by American imperialism.'

"Op 20 en 21 november 1979 bevrijdden revolutionaire studenten 13 gijzelaars uit de Amerikaanse ambassade in Teheran, op een totaal van 62 beambten. De studenten lieten de zwarte en vrouwelijke gijzelaars vrij, omdat ze verondersteld werden te worden onderdrukt door het Amerikaanse imperialisme."

fig.24

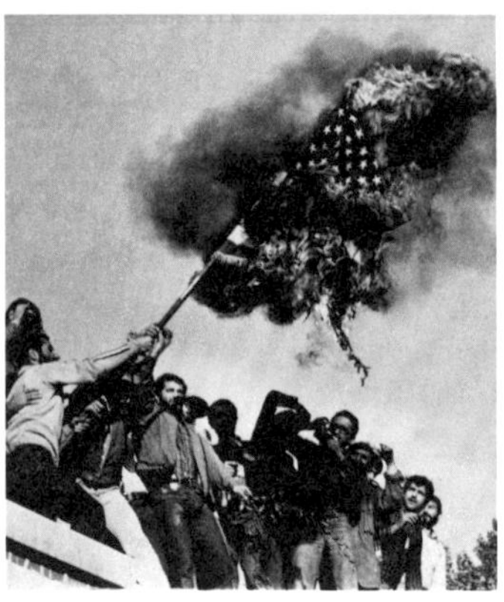

'Revolutionary university students burning the US flag over the US embassy building in Tehran in 1979.'

"Revolutionaire universiteitsstudenten verbranden de Amerikaanse vlag boven het gebouw van de Amerikaanse ambassade in Teheran in 1979."

moderniseerde. Het was een deprimerend tijdperk voor wat overbleef van de intellectuele elite, maar niet voor de middenklasse en de arbeidersklasse in Iran, die de sjah steunden. Mijn ouders behoorden niet tot de intellectuele elite.

PK Waarom waren de elites zo ongelukkig?

SP Omdat er geen democratie meer was en de leider die de olie had genationaliseerd weg was. Politiek gezien ging het land achteruit. De sjah controleerde alles. Voor Iraanse intellectuelen, denkers en politici was het een grote depressie. Maar economisch was het een gouden eeuw van industrialisatie en modernisering – een tijd van grote welvaart.

PK Dat is een interessante tegenstrijdigheid. En toch was er genoeg ontevredenheid om de revolutie van 1979 te veroorzaken. Die in de Verenigde Staten vooral wordt herinnerd vanwege de inname van de Amerikaanse ambassade en de wijze waarop het ambassadepersoneel van november 1979 tot januari 1981 werd gegijzeld. [fig.23,24]

SP Het internationale beeld van Iran, en vooral het beeld van de eerste jaren van de revolutie, verschilt sterk van wat er in het land zelf is gebeurd. Ten eerste, het eerste jaar van de revolutie was hemels, het was helemaal vrij. Er waren geen hijabs, er was geen censuur. Er waren zoveel kranten, tijdschriften, boeken; iedereen kon publiceren wat hij wilde. Er waren veel politieke partijen actief en je kon talloze debatten horen tussen mensen van verschillende politieke groeperingen en ideologieën. Dit is de tijd waarin mijn ouders en hun vrienden besloten om tarwe te verbouwen – toen ze nog helemaal vrij waren.

PK Zelfs in de VS herinner ik me gelezen te hebben over dit buitengewone moment van openheid en mogelijkheden. Het is nu moeilijk te geloven, omdat Iran sindsdien al veertig jaar een theocratie is. Je ouders moeten erg blij zijn geweest. Zij hadden verandering gewild en nu, in dat eerste jaar van de revolutie, was er vrijheid en openheid.

SP Ze waren in de wolken. Maar het duurde maar een jaar!

PK Dus de beslissing om tarwe te verbouwen was bijna symbolisch.

SP Ik denk niet dat het symbolisch was. Ze wilden echt iets veranderen. Zij hadden een zeer positieve instelling en een optimistische visie; zij droomden van een *utopia*. Ik denk dat het

tell me more about this? I'm wondering whether your work for *Skyhigh is my place* – and your reflection on the experience of 1978–1979 – has changed your feelings on this topic. If you discussed the revolution with your parents now, would you have a different feeling about it than you did ten or twenty years ago?

SP Yes. My generation grew up under a very repressive system. We had no freedom. We had no privacy. I can't be the voice of my generation, but I can say that we generally don't have warm feelings about the revolution, and blame it on the generation of my dad. You always have complexes with your parents, but in Iran, we have a national complex with our parents. We have a problem with our parents as parents; but we also have a problem with them as citizens because of the way they influenced our lives. You particularly feel this when you go to art school, because of the crazy censorship we have in our art history courses. You know something's missing, and you want to know what it is.

My feelings about this have changed since art school. It's like psychotherapy. Your therapist opens up doors from your childhood, and tells you to put yourself on the other side so that you get a better perspective – so that you see how things look to the other person. The moment my dad told me about planting the wheat, I thought: 'They were so innocent!' I suddenly saw how my parents thought and acted from an emotional and personal point of view. I respected their decisions. For the first time, I felt I understood them and their generation. I realised that what matters most gets lost to history. No one talks about it. Behind the public events there was something very special – something organic and humane. As you said, when people talk about the history of these years, they talk about the hostage crisis, about the Ayatollah and so forth. But there are other stories from these years – stories that need to be told.

PK So the *Skyhigh* installation recalls a lost moment of hope.

SP For me it's a recollection of goodwill, and of the innocence of a generation. They supported the revolution, but they never got any credit for the dream they had for their country. I think the image of this generation is very mistaken, especially in the way they're portrayed in the West and the US. Meanwhile, the shah was portrayed as a modern Persian king: Westerners still describe him as a Homeric Xerxes! I don't think any of those images are correct. I don't think that the revolution was a revolution made by the poor. As I heard from many different sources, it was a revolution made by upper middle-class people like my dad. The people who went out to work in the fields, they were all educated engineers like him. They knew nothing about farming. In the morning, they worked in the fields the way people did in the Neolithic era. In the afternoon, they worked with ultra-sophisticated war machines as the F-14.

PK So farming was a frustrating experience.

SP No, that's not it. They didn't have a problem growing wheat. The frustration was with what happened after the revolution, the terrors, elimination of freedoms, and the new era of censorship. Then there was a war with Iraq; once the war began, they didn't have time to farm anymore and they were done.

PK In an earlier conversation you compared the experience of the farmers to some of Francis Alÿs's projects. In *When Faith Moves Mountains* (2000) [fig.25], he persuaded five hundred volunteers to try to move a sand dune in Peru by shovelling sand. There's a Chinese legend, "The Foolish Old Man Moves a Mountain," about an old man who is determined to create a road by moving a mountain – and he succeeds! Maybe every culture has a myth about a quest to accomplish the impossible. Is there a further meaning hidden in your comparison to the performances by Francis Alÿs? Do you think of growing wheat as a performance that your parents didn't realise was an artwork?

SP There are many artists whose work is not poetic. And there are many people who are not artists, but their lives are poetic. I think that's the story of this generation. The farming was a performance.

There was a medieval Emir in Aleppo who fought a battle to conquer the Jordan River. After he won, he wanted to show that the river belonged to him. So he went to the river, took off his clothes, and washed his naked body in the water. Then he climbed out. That performance was his statement of power. For me, he was the greatest artist of that moment in history. His performance was pure poetry – something amazing. That's how I feel about the actions of my parents' generation. When my dad told me about the farming, I tried to imagine him and all these people: how happy they were. I thought about myself at that age. If somebody told me: 'We're going to pay you to go out in the fields and farm,' I wouldn't do it. But they did it for free, because they believed in it. It was a huge contrast. It all comes together in Francis Alÿs's failure to move the mountain. For me this is an image of my parents' generation, with all their good will. It is a poetic failure.

verbouwen van tarwe voor hen het meest voor de hand liggend leek, omdat hun militaire basis naast open percelen lag. Het was organisch en ongeorganiseerd. Het had niets te maken met de regering, het was een beslissing van een groep vrienden. Mijn vader vertelde me dat de groep bestond uit linksgezinden, islamisten en nationalisten. Niemand gaf om hun verschillen, ze waren gewoon zo blij om samen te zijn, om zij aan zij te werken.

PK Je hebt me eerder verteld dat toen je opgroeide, de wereld leerde kennen en een politieke mening begon te krijgen, je ontdekte dat je het niet altijd eens was met de steun van je ouders voor de revolutie. Kun je hier wat meer over vertellen? Ik vraag me af of je werk rond *Skyhigh is my place* – en je reflectie op de ervaring van 1978–1979 – je gevoelens over dit onderwerp heeft veranderd. Als je nu met je ouders over de revolutie zou praten, zou je er dan een ander gevoel bij hebben dan tien of twintig jaar geleden?

SP Ja. Mijn generatie groeide op onder een zeer repressief systeem. We hadden geen vrijheid. We hadden geen privacy. Ik kan niet de stem van mijn generatie zijn, maar ik kan wel zeggen dat wij over het algemeen geen warme gevoelens hebben over de revolutie en dat wij dat wijten aan de generatie van mijn vader. Je hebt altijd complexen met je ouders. maar in Iran hebben we een nationaal complex met onze ouders. Wij hebben een probleem met onze ouders als ouders, maar wij hebben ook een probleem met hen als burgers, vanwege de manier waarop zij ons leven hebben beïnvloed. Dat voel je vooral als je naar de kunstacademie gaat, vanwege de krankzinnige censuur die we in onze cursussen kunstgeschiedenis hebben. Je weet dat er iets ontbreekt en je wilt weten wat het is.

Mijn gevoelens hierover zijn veranderd sinds de kunstacademie. Het is als psychotherapie. Je therapeut opent deuren uit je kindertijd en vertelt je om jezelf opzij te schuiven, zodat je een beter perspectief krijgt – zodat je ziet hoe de dingen er voor de ander uitzien. Op het moment dat mijn vader me vertelde over het planten van de tarwe, dacht ik: "Ze waren zo onschuldig!" Ik zag plotseling hoe mijn ouders dachten en handelden vanuit een emotioneel en persoonlijk standpunt. Ik respecteerde hun beslissingen. Voor de eerste keer had ik het gevoel dat ik hen en hun generatie begreep. Ik realiseerde me dat wat belangrijk is, verloren gaat in de geschiedenis. Niemand praat erover. Achter de publieke evenementen ging iets heel bijzonders schuil – iets organisch en menselijks. Zoals je zei, wanneer mensen over de geschiedenis van deze jaren praten, hebben ze het over de gijzelingscrisis, over de Ayatollah enzovoort. Maar er zijn andere verhalen uit deze jaren – verhalen die verteld moeten worden.

PK Dus de Skyhigh-installatie herinnert aan een verloren moment van hoop.

SP Voor mij is het een herinnering aan goede bedoelingen en aan de onschuld van een generatie. Zij steunden de revolutie, maar zij kregen nooit erkenning voor de droom die zij voor hun land hadden. Ik denk dat het beeld van deze generatie erg verkeerd is, vooral de manier waarop ze in het Westen en de VS worden afgeschilderd. Ondertussen werd de sjah afgeschilderd als een moderne Perzische koning: westerlingen beschrijven hem nog steeds als een Xerxes van Homerus! Ik denk niet dat die beelden juist zijn. Ik denk niet dat de revolutie een revolutie van de armen was. Zoals ik uit vele bronnen heb vernomen, was het een revolutie van mensen uit de hogere middenklasse, zoals mijn vader. De mensen die op het land gingen werken, waren allemaal opgeleide ingenieurs zoals hij. Ze wisten niets van landbouw. 's Morgens werkten ze op het land zoals de mensen in het neolithicum deden. In de namiddag werkten ze met ultrageavanceerde oorlogsmachines als de F-14.

PK Dus landbouw was een frustrerende ervaring.

SP Nee, daar gaat het niet om. Ze hadden geen probleem om tarwe te verbouwen. De frustratie betrof de gebeurtenissen na de revolutie, de verschrikkingen, de afschaffing van de vrijheden en het nieuwe tijdperk van censuur. Toen kwam er een oorlog met Irak; zodra de oorlog begon, hadden ze geen tijd meer om te boeren en stopten ze ermee.

PK In een eerder gesprek vergeleek je de ervaring van de boeren met sommige projecten van Francis Alÿs. In *When Faith Moves Mountains* (2000) [fig.25] haalde hij vijfhonderd vrijwilligers over om te proberen een zandduin in Peru te verplaatsen door zand te scheppen. Er is een Chinese legende, 'De dwaze oude man verplaatst een berg', over een oude man die vastbesloten is een weg aan te leggen door een berg te verplaatsen – en daarin slaagt hij! Misschien heeft elke cultuur een mythe over een zoektocht om het onmogelijke te bereiken. Zit er nog een andere verborgen betekenis in je vergelijking met de performances van Francis Alÿs? Zie je het verbouwen van tarwe als een performance waarvan je ouders niet beseften dat het een kunstwerk was?

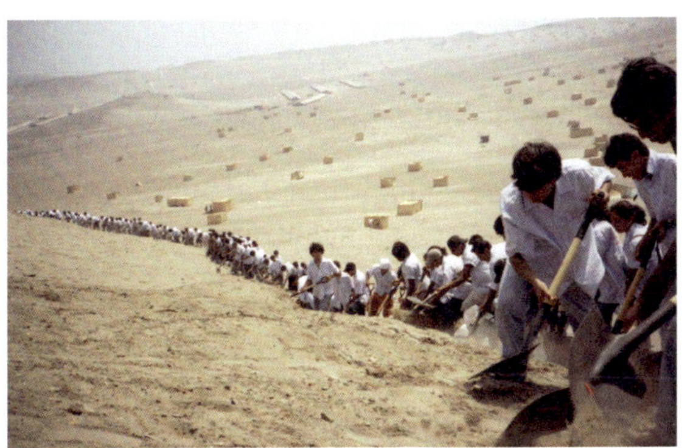

fig.25 Francis Alÿs, *When Faith Moves Mountains (Lima, Peru – April 11, 2002)*, 2002. In collaboration with Cuauhtémoc Medina and Rafael Ortega. Photo documentation of an event.

PK The whole situation was transformed in September 1980, when Iraq invaded Iran. The war lasted almost eight years. It was a source of enormous suffering that shaped the lives of a generation. How did it affect your parents?

SP The war was traumatic for their generation, and for mine. Much later I realised that I had PTSD (post-traumatic stress disorder) because of the experiences in my childhood: the war, the bombardment, the destruction of our cities. It was like the Blitz in World War II, when the Germans bombed London day after day. Imagine a blitz in the 1980s, but not over just one city, over the entire country. I was one of the children who experienced that, in Isfahan and in Tehran. My mom suffered from depression for a long time because of that experience. There was a lot of violence too. First, the violence of the revolution, then the war. My dad was much less affected, but the whole family was traumatised. Even today, what bothers my dad more than anything else is the fact that the revolution went in another direction than he expected, and a war followed. As a result, both of his children left the country. This is not what he wanted to see: that his children would leave, and that his country would be in this situation. Especially these days, with US's sanctions, the coronavirus, and everything else. I think he still believes that the revolution was the right thing to do at the time. He regrets what happened afterwards, but, deep inside, he still likes the idea of that revolution. No one could have known what the future would bring.

PK In proposals for the installation, you quote a passage from Christian Caryl's great book, *Strange Rebels*, where he says that: 'It was in 1979 that the twin forces of markets and religions, discounted for so long, came back with a vengeance.' Here we are, forty years later, and the age of neoliberalism, which began then, seems to be coming to an end. We are finally questioning the neoliberal faith in the free market, because we have seen how destructive it can be. But the question of the place of religion in the modern world is still open. Obviously, the sociologists of the 1970s, who thought that religion would simply wither away, were mistaken. Religion is a powerful force in the contemporary world – in Iran, in the US, and elsewhere. How does it figure into *Skyhigh is my place*? You've described how your parents were dismayed by the religious turn that the revolution took after the first year. Is this ambivalence about religion present in the installation itself?

SP Er zijn veel kunstenaars wier werk niet poëtisch is. En er zijn veel mensen die geen kunstenaar zijn, maar hun leven is poëtisch. Ik denk dat dat het verhaal is van deze generatie. De landbouw was een performance.

Er was een middeleeuwse emir in Aleppo die een strijd voerde om de Jordaan te veroveren. Nadat hij gewonnen had, wilde hij laten zien dat de rivier van hem was. Dus ging hij naar de rivier, trok zijn kleren uit en waste zijn naakte lichaam in het water. Toen klom hij eruit. Die performance was zijn machtsverklaring. Voor mij was hij de grootste artiest van dat moment in de geschiedenis. Zijn performance was pure poëzie – iets verbazingwekkends. Dat is wat ik voel over de acties van de generatie van mijn ouders. Toen mijn vader me vertelde over de landbouw, probeerde ik me hem en al die mensen voor te stellen: hoe gelukkig ze waren. Ik dacht aan mezelf op die leeftijd. Als iemand me zou zeggen: "We gaan je betalen om op het land te gaan boeren", zou ik het niet doen. Maar ze deden het gratis, omdat ze erin geloofden. Het was een groot contrast. Het komt allemaal samen in het falen van Francis Alÿs om de berg te verplaatsen. Voor mij is dit een beeld van de generatie van mijn ouders, met al hun goede bedoelingen. Het is een poëtische mislukking.

PK De hele situatie veranderde in september 1980, toen Irak Iran binnenviel. De oorlog duurde bijna acht jaar. Het was een bron van enorm lijden die het leven van een generatie heeft vormgegeven. Wat voor invloed had het op je ouders?

SP De oorlog was traumatisch voor hun generatie, en voor de mijne. Veel later besefte ik dat ik PTSD (posttraumatische stressstoornis) had door de ervaringen uit mijn jeugd: de oorlog, de bombardementen, de vernietiging van onze steden. Het was als de Blitz in de Tweede Wereldoorlog, toen de Duitsers Londen dag na dag bombardeerden. Stel je een Blitz voor in de jaren 1980, maar niet in één stad, maar over het hele land. Ik was een van de kinderen die dat meemaakte, in Isfahan en in Teheran. Mijn moeder leed lange tijd aan depressies als gevolg van die ervaring. Er was ook veel geweld. Eerst het geweld van de revolutie, dan de oorlog. Mijn vader had er veel minder last van, maar de hele familie was getraumatiseerd. Wat mijn vader tot op de dag van vandaag meer dwarszit dan wat dan ook, is het feit dat de revolutie een andere wending nam dan hij had verwacht en dat er een oorlog volgde. Als gevolg daarvan hebben zijn beide kinderen het land verlaten. Dit is niet wat hij wilde zien: dat zijn kinderen zouden vertrekken en dat zijn land in deze situatie terecht zou komen. Vooral in deze tijden, met de sancties van de VS, het coronavirus, en al de rest. Ik denk dat hij nog steeds gelooft dat de Revolutie op dat moment het juiste was om te doen. Hij betreurt wat er nadien is gebeurd, maar diep vanbinnen houdt hij nog steeds van het idee van die revolutie. Niemand kon weten wat de toekomst zou brengen.

PK In de voorstellen voor de installatie citeer je een passage uit het geweldige boek van Christian Caryl, *Strange Rebels*, waarin hij zegt: "Het was in 1979 dat de tweelingkrachten van markten en religies, die zo lang waren onderdrukt, sterker dan ooit terugkwamen." Nu, veertig jaar later, lijkt het tijdperk van het neoliberalisme, dat toen begon, ten einde te lopen. Eindelijk stellen wij het neoliberale geloof in de vrije markt ter discussie, omdat wij hebben gezien hoe destructief het kan zijn. Maar de vraag naar de plaats van religie in de moderne wereld is nog niet beantwoord. Het is duidelijk dat de sociologen van de jaren 1970, die dachten dat religie gewoon zou verdwijnen, zich vergisten. Religie is een machtige kracht in de hedendaagse wereld – in Iran, in de VS en elders. Hoe kadert dat in *Skyhigh is my place*? Je hebt beschreven hoe je ouders ontzet waren door de religieuze wending die de revolutie na het eerste jaar nam. Is deze ambivalentie rond religie aanwezig in de installatie zelf?

SP Overduidelijk. Carl Gustav Jung vergeleek de menselijke ervaring met een ijsberg: een dunne laag van bewustzijn boven de waterlijn en een dikke brok onderbewustzijn eronder. Ik denk dat ieder mens twee soorten geschiedenis heeft. De ene is de geschiedenis die we sinds onze geboorte hebben meegemaakt, alles wat we persoonlijk hebben meegemaakt. De andere is de geschiedenis die in ons zit als gevolg van geografie, nationaliteit en religie. Religie is sterk aanwezig bij elke Iraniër en vooral binnen mijn generatie, omdat we zijn opgegroeid in een zeer religieus systeem. Mijn familie was niet religieus, maar mijn school wel. Elke keer als mijn vader thuis een grapje maakte, zei hij tegen mij: "Dit mag je op school niet herhalen", want hij wist wat de gevolgen zouden zijn. Binnen het intieme leven thuis, binnen ons gezin, waren we vrij. Maar zodra ik naar buiten ging, moest ik een andere identiteit aannemen – een religieuze identiteit.

Religie zit in de installatie vanwege de tarwe. Als je de heilige teksten leest die alle semitische godsdiensten – het jodendom, het christendom en de islam – met elkaar gemeen hebben, vind je helemaal aan het begin het verhaal van Abel de boer en Kaïn de herder. Abel offert tarwe en Kaïn een lam. God aanvaardt het offer van Abel en verwerpt dat van Kaïn. Kaïn is zo boos dat hij Abel doodt.

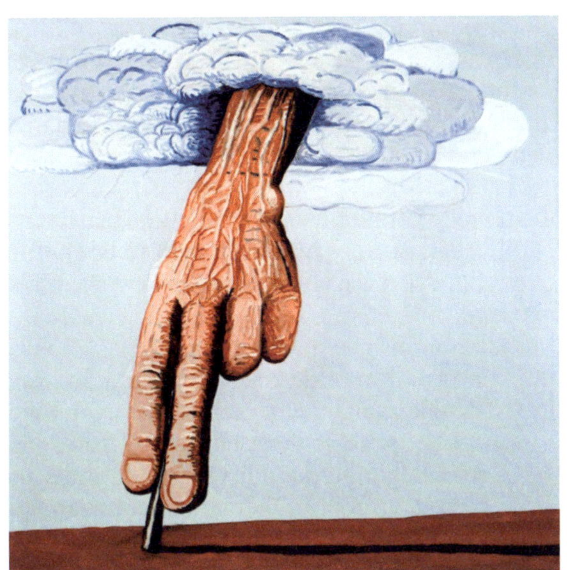

fig.26 Philip Guston, *The Line*, 1978, oil on canvas, 180.3 × 186.1 cm.

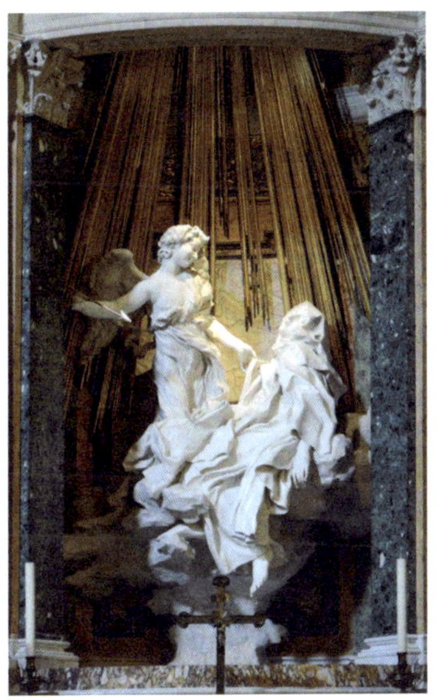

fig.27 Gian Lorenzo Bernini, *The Ecstasy of Saint Teresa*, Santa Maria della Vittoria, Rome, 1645–52.

SP Definitely. Carl Gustav Jung compared human experience to an iceberg: a thin layer of consciousness above the waterline, and a thick chunk of subconscious below. I think any human being has two types of history. One is the history that we have experienced since we were born, everything that we personally have lived through. The other is the history that is inside us because of geography, nationality, and religion. Religion is strong within any Iranian, and particularly within my generation, because we grew up in a highly religious system. My family was not religious, but my school was. Every time my dad made a joke at home, he would turn to me and say: 'You're not going to repeat this in school,' because he knew what the consequences would be. Within the intimate life of home, within our family, we were free. But as soon as I went outside, I had to assume a different identity – a religious identity.

Religion is in the installation because of the wheat. If you read the holy texts shared by all Semitic religions – Judaism, Christianity, and Islam – right at the beginning you find the story of Abel the farmer and Cain the shepherd. Abel offers a sacrifice of wheat while Cain offers a lamb. God accepts Abel's sacrifice and rejects Cain's. Cain is so angry that he kills Abel.

Wheat is religious, because it recalls the first farmer. There's also a religious element in the sky, which I consider part of the installation. The tower is upside down so that you feel as if you were looking at the installation from space. I imagine that as God's perspective, which I want the audience to share. So it's religious, but not overtly. I wasn't thinking about religion when I designed the installation, but then I realised it was there. As John Cage said, you make art and later you analyse what you did.

PK In an earlier discussion, when I asked you why the control tower was upside down, descending from the skylight, you said that it related to Philip Guston and Gianlorenzo Bernini – an unlikely pair!

SP When I looked at a 3D model of the installation, I realised that it was like that painting by Philip Guston with the hand of God coming out of the sky. The tower in the installation gives me the same sense of authority as the hand of God. [fig.26]

PK What about Bernini? I think you had mentioned his sculpture – installation really – showing *The Ecstasy of Saint Theresa.* [fig.27]

SP The resemblance was unintentional. But as soon as I recognised it, I knew that my installation came from this Bernini, somehow. I love that sculpture. I went to Rome once just to see it.

Tarwe is religieus, omdat het herinnert aan de eerste boer. Er hangt ook een religieus element in de lucht dat ik beschouw als deel van de installatie. De toren staat op zijn kop, zodat het lijkt alsof je de installatie vanuit de ruimte bekijkt. Ik stel me dat voor als het perspectief van God, dat ik met het publiek wil delen. Dus het is religieus, maar niet openlijk. Ik dacht niet aan religie toen ik de installatie ontwierp, maar toen realiseerde ik me dat het religieuze element er wel inzat. Zoals John Cage zei, je maakt kunst en later analyseer je wat je gemaakt hebt.

PK In een eerdere discussie, toen ik je vroeg waarom de verkeerstoren op zijn kop stond, neerdalend vanuit het dakraam, zei je dat het te maken had met Philip Guston en Gianlorenzo Bernini – een onwaarschijnlijk paar!

SP Toen ik een 3D-model van de installatie bekeek, besefte ik dat ze leek op dat schilderij van Philip Guston met de hand van God die uit de hemel komt. De toren in de installatie geeft mij hetzelfde gevoel van autoriteit als de hand van God. [fig.26]

PK Hoe zit het met Bernini? Ik geloof dat je het had over zijn beeldhouwwerk – installatie eigenlijk – met *De Extase van Theresia*. [fig.27]

SP De gelijkenis was onbedoeld. Maar zodra ik ze herkende, wist ik dat mijn installatie op de een of andere manier van het werk van Bernini kwam. Ik hou van dat beeld. Ik ben een keer naar Rome geweest enkel om het te zien. Ik denk altijd na over hoe ik met licht kan spelen en Bernini is daar een meester in.

PK Reproducties tonen meestal alleen het beeld van de Heilige Theresia in extase en de engel die een pijl in haar borst steekt. Bernini heeft dit niet verzonnen, het staat in haar autobiografie. Maar hij ontwierp ook een architectonische omlijsting voor de Heilige Theresia en de engel, zodat het lijkt alsof ze op een miniatuurpodium optreden. Als je het beeld in het echt ziet, is er een onaardse uitstraling die over de figuren speelt. Het licht komt eigenlijk van een bovenliggend raam, maar het is verborgen achter het fronton. Je ziet het raam niet, je ziet alleen het licht.

SP Wij hebben film, we hebben digitale animatie, we hebben kunst gemaakt met geprojecteerd licht, zodat we niet meer zo geschokt en gefascineerd zijn door Bernini's beeldhouwkunst als de mensen ten tijde van de barok waren. Het is moeilijk om het met een ongerept oog te zien. Ik ging erheen en probeerde me in de plaats te stellen van een zeventiende-eeuws persoon die daar stond en ernaar keek. Ik dacht: "Wow, je moet echt gefascineerd zijn als je dat onwaarschijnlijke licht ziet." Ik dacht er niet bewust aan toen ik deze installatie voor het Museum Dhondt-Dhaenens ontwierp, maar ik wist dat het licht in de ruimte geweldig was en ik wilde een manier vinden om het te gebruiken.

PK Het dakraam was een bestaand kenmerk van de zaal; je hebt een manier gevonden om het actief te benutten als onderdeel van je installatie. Ik wil je ook vragen naar de architectuur van de controletoren in het midden van de installatie. Architectuur heeft een belangrijke rol gespeeld in je werk. Je hebt keramische modellen gemaakt van heilige koepels en tekeningen en schilderijen van historische monumenten. In een vorig gesprek zei je iets moois: "Moskeeën, architectuur en tuinen geven uitdrukking aan de Iraanse ziel. Architectuur is wat we achterlaten, zoals een slak zijn schelp achterlaat." Hoe verhoudt de architectuur van de verkeerstoren zich tot de Iraanse traditie? cat.8,9,10 (p.56,57,58-59)

SP Mijn vader vertelde me een paar dagen geleden dat hij me meenam naar die controletoren tijdens de eerste jaren van de revolutie, toen ik twee of drie was. Niemand lette op ons omdat hij commandant was en ik nog klein. De toren vertegenwoordigt de energie van de periode waarin Iran moderniseerde. [fig.28] Deze periode van welvaart was ook de periode van het brutalisme in de moderne architectuur. Er zijn veel voorbeelden van deze stijl in Iran, waaronder het Museum voor Hedendaagse Kunst in Teheran. Het roept de ziel op van die tijd en van mijn jeugd. Ik haat het.

PK Het verbaast me dat ik je dat hoor zeggen, want in 2019 hield je in New York een tentoonstelling van je tekeningen van het graf van sjeik Qadeeb al-Ban al-Mosuli, een heiligdom in Irak dat in 2014 door IS werd verwoest. In je tekeningen probeerde je uit het hoofd na te bootsen hoe de graftombe en zijn toren – een muqarnaskoepel – eruit zagen. Hoe verzoen je je positieve gevoelens voor die toren met je negatieve gevoelens hierover?

SP Ik moet teruggaan naar toen ik 18 of 19 was. Ik reisde naar Khorasan, in het noordoosten van Iran, en voor het eerst zag ik een Iraans middeleeuws mausoleum. Dat was het moment waarop ik de schoonheid van architectuur als beeldhouwkunst herkende. Het mausoleum ligt

fig.28

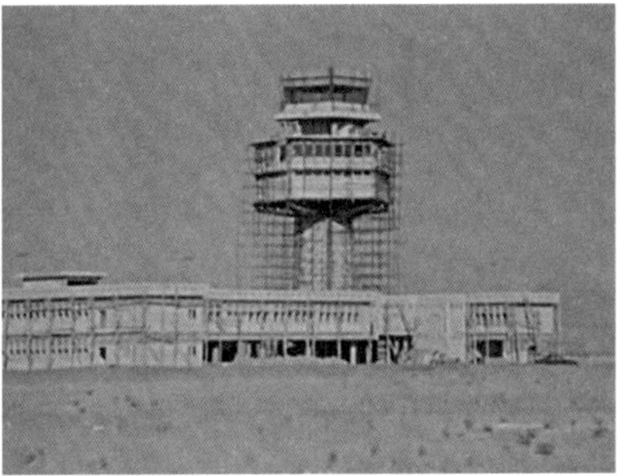

'Still from the film *The Grumman Challenge* (1976) depicting the air control tower of the Isfahan air base under construction.'

"Still uit de film *The Grumman Challenge* (1976) met de in aanbouw zijnde verkeerstoren van de Isfahan luchtmachtbasis."

I'm always thinking about how I can play with light, and Bernini is a master at that.

PK Reproductions usually only show the sculpture of Saint Theresa in ecstasy, and the angel plunging an arrow into her breast. Bernini didn't make this up; it's in her autobiography. But he also designed an architectural frame for Saint Theresa and the angel, so that they seem to be performing on a miniature stage. When you see the sculpture in real life, there's an unearthly radiance that plays over the figures. The light is actually coming from a window overhead, but it's hidden behind the pediment. You don't see the window; you just see the light.

SP We have cinema, we have digital animation, we have art made with projected light, so that we are not as shocked and fascinated by Bernini's sculpture as people were in the baroque era. It's hard to see it with an unspoiled eye. I went there and tried to put myself in the place of a seventeenth-century person standing there and looking at it. I thought, 'Wow, you would've been really fascinated by seeing that crazy light.' I wasn't thinking about it consciously when I designed this installation for Museum Dhondt-Dhaenens, but I knew that the light in the space was amazing, and I wanted to find a way to use it.

PK The skylight was an existing feature of the space; you found a way to activate it as part of your installation. I also want to ask you about the architecture of the control tower at the centre of the installation. Architecture has played an important role in your work. You have made ceramic models of sacred domes, and drawings and paintings of historic monuments. In a previous conversation you said something beautiful: 'Mosques, architecture, and gardens express the Iranian soul. Architecture is what we leave behind, like a snail leaving behind its shell.' How does the architecture of the control tower relate to Iranian tradition?
cat.8,9,10 (p.56,57,58-59)

SP My dad told me just a couple of days ago that he took me to that control tower during those first years of the revolution when I was two or three. No one paid attention to us, because he was a commander and I was still little. The tower represents the energy of the time when Iran was modernising. [fig.28] This period of prosperity was also the period of brutalism in modern architecture. There are many examples of this style in Iran, including the Museum of Contemporary Art in Tehran. It evokes the soul of that time and of my childhood. I hate it.

in het midden van een gebied dat helemaal leeg is. Het lijkt op een beeldhouwwerk dat op een sokkel staat, omdat er niets omheen is. In New York heb je veel hoge neogotische kerken, omringd door andere soorten torens: wolkenkrabbers, flatgebouwen, enzovoort. Je kunt de kerken waarderen, maar ze zijn een beetje verloren. Stel je voor dat je zo'n kerk ziet in een grote lege ruimte. Je zou het geweldig vinden, toch? Toen ik het mausoleum zag, besefte ik dat de artistieke en poëtische ziel van Iran tot uitdrukking kwam in de architectuur. Kunstenaars konden geen beeldhouwwerk maken, omdat dat verboden was door de islamitische theologie, dus maakten ze beeldhouwwerk in de vorm van architectuur. [fig.29]

Je kunt zien hoezeer dat verschilt van het brutalistische gebouw waarin ik opgroeide. Het werd gebouwd door het bedrijf Northrop Grumman dat straaljagers bouwde. Het was net zo donker en somber als mijn kindertijd. Het was giftig, lelijk en koud – niet ontworpen voor mensen. Voor mij was de verkeerstoren de hand van God die uit de hemel neerdaalde, maar het beeld van God was niet mooi voor mijn generatie. God was iets ongelukkigs en streng. De toren had dezelfde ziel. Dan ga je ergens heen waar het warm, mooi en vredig is, en je ziet een gebouw dat al duizend jaar in niemandsland staat. Het is organisch, rond, glad, bedekt met een patroon; het heeft alles wat je mist in onze brutalistische architectuur. Voor mij komt de brutalistische controletoren overeen met het beeld van de politieke islam dat ik de laatste veertig jaar heb meegemaakt. Het is in compleet contrast met de tombe van Sharaf ad-Dawla [fig.30], in Irak, die nu verdwenen is.

PK Je schetst een contrast tussen de schoonheid van de traditionele Iraanse architectuur en de lelijkheid van de moderne brutalistische architectuur. Maar ik ben verbaasd dat je brutalistische architectuur vereenzelvigt met het regime van de Ayatollahs.

SP Nee, nee, nee ... Niet het regime van de Ayatollahs. Het is de architectuur van het moderne tijdperk in Iran. Maar omdat ik opgegroeid ben in die architectuur, is die verbonden met de herinneringen uit mijn jeugd. Misschien zou het iets anders betekenen voor een kunstenaar die tien jaar ouder is dan ik en een mooie jeugd heeft gehad in hetzelfde brutalistische militaire complex. De toren vertegenwoordigt een vorm van veiligheid die eigenlijk niet erg veilig is. Het is als religieuze zekerheid, hij is erg somber.

PK Eerder hadden jij en ik het over het belang van poëzie in Iran. Je wees erop dat aan de ene kant poëzie de hoogste kunstvorm was in de middeleeuwse Iraanse cultuur, maar dat aan de andere kant veel ervan gewoon vleierij was. Dichters hielden wedstrijden om te zien wie de koning het meest uitbundig kon prijzen. Dit is iets wat je hebt aangesneden in een serie sculpturen, de *Projectiles*, die de vormen van raketten combineren met traditioneel Iraans metaalwerk. Als ik nadenk over de rol van de poëzie in je werk, moet ik denken aan de *Shahnameh* van Ferdowsi, het epische gedicht dat in de Iraanse literatuur een fundamentele rol speelt, zoals de *Ilias* van Homerus in de Europese cultuur. De titel van het gedicht wordt vertaald als 'Het Boek der Koningen'. Is dit weer een voorbeeld van poëzie als een eerbetoon aan de macht? cat.11,12 (p.60-61,62-63)

SP Ik geloof dat het Joseph Campbell was die zei dat wanneer een natie het hoogtepunt van haar beschaving voorbij is en in verval raakt, haar dichters de mythologie van de natie neerschrijven om de herinnering aan hun gloriedagen in stand te houden. De *Shahnameh* is daar een goed voorbeeld van. Het is een verslag van de Perzische mythologie. Ferdowsi vertelt de Zoroastrische mythen van vóór de islam. Elke mythe stelt een godheid voor, maar hij veranderde ze in koningen om de verhalen te redden. De koningen in de *Shahnameh* zijn geen echte, historische koningen, behalve in het laatste hoofdstuk van het boek. Mythologie geeft mislukking op een poëtische manier weer, en de *Shahnameh* is een prachtig verhaal over mislukking, over alles verliezen. In feite denk je aan je erfgoed als je beseft dat het verloren dreigt te gaan. Dat is wanneer je een mythologie creëert met verhalen over de gloriedagen van je cultuur. Wat de projectielen betreft heb ik mijn naam vervangen door de naam van de koningen, omdat ik de gedichten mooi, smakeloos en dwaas vond. Ik stelde me voor dat als ik die gedichten aan het hof van een koning zou horen, ik de slappe lach zou krijgen en dat mijn kop zou rollen. Dus zette ik mijn eigen naam op de plaats van de namen van de koningen en schreef die op mijn beelden. Het was een manier om te lachen om al die emirs en sultans uit het middeleeuwse Iran. [fig.31]

PK Dat brengt ons terug naar het thema van mislukking in *Skyhigh is my place*.

SP Ik maak een mythe van het verhaal van mijn vader en zijn generatie. Ze verdienen het om hun eigen verhaal te hebben.

PK Dit is dus je epos: een verhaal dat wordt verteld door een installatie in plaats van door woorden en beelden. Het als een epos beschouwen doet me denken aan andere werken die je hebt gemaakt, waar

fig.29

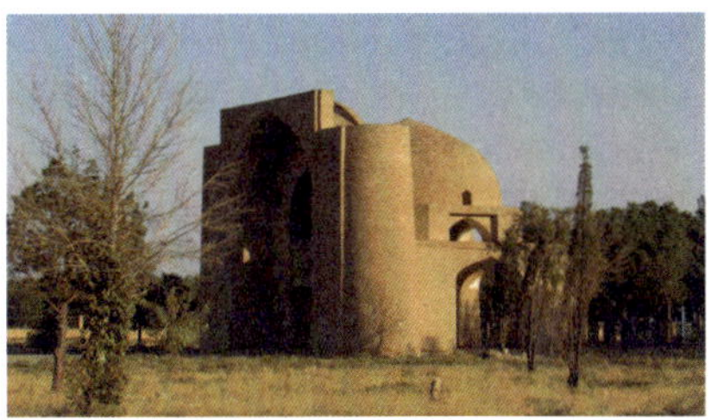

'The Mosalla of Sabzevar was a trigger for me to understand architecture as a form of expression. It was built in the Safavid Era, possibly the 16th century, and designed to pray for rain. The building is not functional. In fact it is a beautiful form of practicing sculpture in a land where sculpting was forbidden.'

"De Mosalla van Sabzevar was voor mij een trigger om architectuur te begrijpen als een vorm van expressie. Dit werd gebouwd tijdens de Safavid-dynastie, mogelijk in de 16de eeuw, en ontworpen om voor regen te bidden. Het gebouw is niet functioneel. In feite is het een prachtige vorm van beeldhouwkunst in een land waar beeldhouwen verboden was."

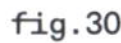

fig.30

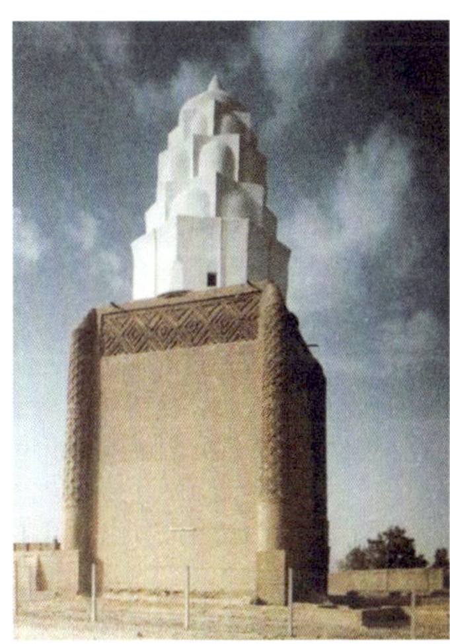

'I like the Mausoleum of Sharaf al-Dawla in Samarra because it is odd, certainly not what we expect from a building built in 1085. The unusual white dome is in contrast to the decorated brick structure of the building. It could almost be seen as a synthesis of modern and classical aspects of post-modern architecture. On Valentine's Day 2014, I learned that the building was destroyed by ISIS. For the first time, I wept for the death of a building.'

"Ik vind het Mausoleum van Sharaf al-Dawla in Samarra mooi, omdat het eigenaardig is, zeker niet wat we verwachten van een gebouw dat in 1085 werd gebouwd. De ongewone witte koepel staat in contrast met de versierde bakstenen structuur van het gebouw. Het zou bijna gezien kunnen worden als een synthese van moderne en klassieke aspecten van post-moderne architectuur. Op Valentijnsdag 2014 vernam ik dat het gebouw was verwoest door IS. Voor het eerst heb ik moeten huilen om de dood van een gebouw."

PK I'm surprised to hear you say that, because in 2019 you had an exhibition in New York of your drawings of the Tomb of Sheikh Qadeeb al-Ban al-Mosuli, a shrine in Iraq that was destroyed by ISIS in 2014. In your drawings you attempted to recreate from memory what the tomb and its tower – a muqarnas dome – looked like. How do you reconcile your positive feelings for that tower with your negative feelings about this one?

SP I have to go back to when I was 18 or 19. I travelled up to Khorasan, in the north-east of Iran, and for the first time I saw an Iranian medieval mausoleum. That was when I recognised the beauty of architecture as sculpture. The mausoleum is in the middle of an area that is completely empty. It looks like a sculpture sitting on a plinth, because there's nothing around it. In New York, you have a lot of tall neo-Gothic churches, surrounded by other kinds of towers: skyscrapers, apartment houses, and so forth. You can appreciate the churches, but they are a little lost. Imagine if you saw one of those churches in a big empty space. You would love it, right? The moment I saw the mausoleum, I realised that the artistic and poetic soul of Iran found expression in architecture. Artists couldn't make sculptures, because it was forbidden by Islamic theology, so they made sculpture in the form of architecture. [fig.29]

You can see how different that is from the brutalist building that I grew up in. It was built by the Northrop Grumman company, which built jet fighters. It was as dark and gloomy as my childhood. It was toxic, ugly, and cold – not designed for humans. For me, the control tower was the hand of God coming down from the sky, but the image of God wasn't beautiful for my generation. God was something unhappy, and stern. The tower had the same soul. Then you go somewhere warm, beautiful, and peaceful, and you see a building that has been sitting in the middle of nowhere for a thousand years. It is organic, round, smooth, covered with patterns; it has everything you miss in our brutalist architecture. For me, the brutalist control tower corresponds to images of political Islam, which I have experienced for the last forty years. It's in complete contrast to the Tomb of Sharaf ad-Dawla [fig.30], in Iraq, which is now gone.

PK You are drawing a contrast between the beauty of traditional Iranian architecture, and the ugliness of modern brutalist architecture. But I'm surprised that you identify brutalist architecture with the regime of the Ayatollahs.

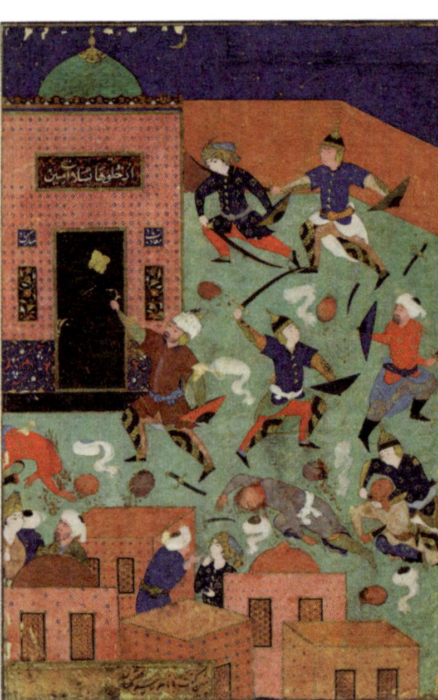

fig.31 Page from the Shahnameh, written by the Persian poet Ferdowsi. Rustam and the Iranian army strike the door of Afrasiyab's palace while his soldiers fight with the Turanians. Isfahan School, 16th century, opaque watercolour on paper, 22.7 × 15.4 cm.

je minutieus verluchte manuscripten hebt herschilderd, maar alle figuren hebt verwijderd. Je schilderde bijvoorbeeld een scène van een onthoofding van de koning, maar er is geen koning en geen beul, alleen een landschap en een mooi leeg paviljoen. Waarom haal je de figuren uit je schilderijen en uit je installaties zoals *Skyhigh is my place*? cat.13 (p.64)

SP Als je er een figuur bij betrekt, maakt dat alles te verhalend. Ik hou niet van verhalen illustreren. Ik laat het beeld graag vrij om te zeggen wat ik wil. Daarom hou ik van architectuur. Je loopt een leeg gebouw binnen en je probeert je de mensen voor te stellen die er ooit gewoond hebben. Het is alsof je een schelp vasthoudt: je stelt je de slak voor die erin leefde. Als ik de figuren weghaal, begint het op poëzie te lijken. Als ik lees over Fereydun in de *Shahnameh*, wil ik me kunnen voorstellen hoe de gebeurtenissen en personages er werkelijk uitzagen. Maar de figuren in Perzische manuscripten zijn niet Perzisch; zij zijn Mongools. Het is als de schilderkunst van de noordelijke renaissance in Europa, waar Cyrus de Grote uit het oude Bijbelse verhaal vijftiendeeeuwse kleren draagt en er Vlaams uitziet. Op geen van deze afbeeldingen kon je de echte afbeelding van de historische figuur vinden. De architectuur in de Perzische manuscriptschilderkunst is daarentegen zeer waarheidsgetrouw: zij ziet er Iraans uit. Door de figuren te verwijderen, laat ik het beeld vrij.

PK Laat me even terugkomen op de vragen die ik in het begin stelde: waarom is de controletoren ondersteboven ophangen?

SP Ik heb het publiek op een plek gezet waar je dood moet zijn om de wereld vanuit dat perspectief te zien. Ik hou van het idee dat de toeschouwers naar de toren kijken terwijl ze op de grond liggen en het gevoel hebben dat ze als een geest door de lucht zweven. Komend uit de hemel, terugkijkend naar de aarde.

SP No, no, no... Not the regime of the Ayatollahs. It's the architecture of the modern era in Iran. But for me, having grown up in that architecture, it is associated with the memories of my childhood. Maybe if you spoke to an artist who was ten years older than I am and who had a beautiful childhood in the same brutalist military complex, it would mean something different to them. The tower represents a kind of security that is actually not very secure. It's like religious assurance; it's very gloomy.

PK Earlier, you and I were talking about the importance of poetry in Iran. You pointed out that, on one hand, poetry was the highest art form in medieval Iranian culture, but, on the other, a lot of it was just flattery. Poets held competitions to see who could praise the king most fulsomely. This is something you addressed in a series of sculptures, the *Projectiles*, that combine the shapes of missiles with traditional Iranian metalwork. Thinking about the role of poetry in your work reminds me of Ferdowsi's *Shahnameh*, the epic poem that plays a foundational role in Iranian literature like the role of Homer's *Iliad* in European culture. The title of the poem translates to "The Book of Kings". Is this another example of poetry as an homage to power? cat.11,12 (p.60-61,62-63)

SP I think it was Joseph Campbell who said that when a nation passes the peak of its civilisation and starts to decline, its poets write down the nation's mythology to preserve the memory of their days of glory. The *Shahnameh* is a good example of that. It is a record of Persian mythology. Ferdowsi tells the Zoroastrian myths from before Islam. Each myth represents a deity, but he changed them to kings to save the stories. The kings in the *Shahnameh* are not actual, historical kings, except the last chapter of the book. Mythology represents failure in a poetic way, and the *Shahnameh* is a beautiful story about failure, about losing everything. In fact you think about your heritage when you realise that it is in danger of being lost. That's when you create a mythology, with stories about the heyday of your culture. Regarding the projectiles, I substituted my name for the name of the kings, because I found the poems beautiful, tacky, and silly. I imagined if I heard those poems in the court of a king, I wouldn't be able to stop laughing, and I would lose my head. So I put my own name in the place of the kings' names, and wrote it on my sculptures. It was a way to laugh at all those Emirs and Sultans from medieval Iran. [fig.31]

PK That brings us back to the theme of failure in *Skyhigh is my place*.

SP I'm making a myth out of the story of my father and his generation. They deserve to have their own story.

PK So this is your epic: a story told through an installation instead of by words and pictures. Thinking about it as an epic reminds me of other works you've done, where you have meticulously repainted manuscript illuminations, but removed all the figures. For instance, you repainted a scene of a Beheading of the King, but there is no king and no executioner, just a landscape and a beautiful empty pavilion. Why do you take the figures out of your paintings and of your installations like *Skyhigh is my place*? cat.13 (p.64)

SP When you include a character, it makes everything too narrative. I don't like illustrating stories. I enjoy leaving the image free to say whatever. That's why I enjoy architecture. You walk into an empty building, and you try to imagine the people who once lived there. It is like holding a shell: you imagine the snail that lived inside it. When I remove the figures, the image starts to relate to poetry. When I read about Fereydun in the *Shahnameh*, I wanted to be able to imagine what the events and characters actually looked like. But the figures in Persian manuscripts are not Persian; they are Mongolian. It is like Northern Renaissance paintings in Europe, where Cyrus the Great, from the ancient Biblical story, wears fifteenth-century clothes and looks Flemish. In none of these images could you find the real image of the historical figure. In contrast, the architecture in Persian manuscript painting is quite faithful to the truth: it looks Iranian. By removing the figures, I set the image free.

PK Let me return to the questions I asked at the beginning: why suspend the air control tower upside down?

SP I put the audience in a place where they would have to be dead to see the world from that perspective. I like the idea of the audience looking at the tower while lying on the floor, feeling like they are floating in the sky like a ghost. Arriving from heaven, looking back at the earth.

Auteurs / Authors

Media Farzin is kunsthistorica, critica en docent gevestigd in New York. Haar teksten verschenen onder meer in Artforum, Art Agenda, Bidoun, Frieze en Modern Painters. Farzin is auteur van verschillende catalogusessays, over onderwerpen variërend van hedendaagse figuratieve schilderkunst tot tentoonstellingsgeschiedenis in het Midden-Oosten en subculturen rond op zwarte markten circulerende video's. Ze behaalde haar PhD kunstgeschiedenis aan het CUNY Graduate Center en doceert momenteel aan het Sotheby's Institute of Art en de School of Visual Arts, New York.

Media Farzin is an art historian, critic, and educator based in New York. Her writings have appeared in Artforum, Art Agenda, Bidoun, Frieze, and Modern Painters, among others, and she is author of numerous catalogue essays; topics have ranged from contemporary figurative painting to Middle Eastern exhibition history to subcultures of blackmarket video. She received her PhD in art history from the CUNY Graduate Center, and currently teaches at the Sotheby's Institute of Art and the School of Visual Arts, New York.

Antony Hudek is directeur van Museum Dhondt-Dhaenens. Hij werkte onder meer bij KASK School of Arts Gent, M HKA (Antwerpen), Objectif Exhibitions (Antwerpen), Raven Row (Londen) en Tate Liverpool. Hij is ook co-directeur van Occasional Papers, een non-profit kunst- en design uitgeverij.

Antony Hudek is director of Museum Dhondt-Dhaenens. He has worked at institutions including KASK School of Arts Gent, M HKA (Antwerp), Objectif Exhibitions (Antwerp), Raven Row (London) and Tate Liverpool. He also co-directs Occasional Papers, a non-profit art and design press.

Pepe Karmel doceert aan het Departement Kunstgeschiedenis van New York University. Karmel is de auteur van twee boeken, *Picasso and the Invention of Cubism* (2003) en *Abstract Art: A Global History* (2020), en hij heeft veel geschreven over moderne en hedendaagse kunst voor museumcatalogi, evenals de New York Times, Art in America, Brooklyn Rail en andere publicaties. Hij was curator en co-curator van verschillende tentoonstellingen, waaronder *Robert Morris: Felt Works* (Grey Art Gallery, New York, 1989), *Jackson Pollock* (MoMA, New York, 1998), en *Dialogues with Picasso* (Museo Picasso Málaga, 2020).

Pepe Karmel teaches in the Department of Art History, New York University. Karmel is the author of two books, *Picasso and the Invention of Cubism* (2003) and *Abstract Art: A Global History* (2020), and he has written widely on modern and contemporary art for museum catalogues, as well as the New York Times, Art in America, Brooklyn Rail, and other publications. He has curated or co-curated numerous exhibitions, including *Robert Morris: Felt Works* (Grey Art Gallery, New York, 1989), *Jackson Pollock* (MoMA, New York, 1998), and *Dialogues with Picasso* (Museo Picasso Málaga, 2020).

Laurens Otto is curator van Museum Dhondt-Dhaenens. Hij is tevens hoofdredacteur van RESOLUTION Magazine, een papieren tijdschrift dat de impact van het digitale beeld onderzoekt. Zijn teksten zijn gepubliceerd door onder meer De Witte Raaf, De Appel en Sternberg Press. Otto heeft eerder gewerkt als curator van Het HEM in Zaandam (Nederland) en als associate curator van Human Activities in Lusanga (DR Congo).

Laurens Otto serves as curator of Museum Dhondt-Dhaenens in Deurle, Belgium. He is editor-in-chief of RESOLUTION Magazine, a print magazine that explores the impact of the digital image. His texts have been published by De Witte Raaf, De Appel, Sternberg Press. Otto previously was curator at Het HEM, Zaandam, The Netherlands and associate curator at Human Activities, Lusanga, DR Congo.

Shahpour Pouyan behaalde een MFA aan het Pratt Institute, New York, en een MFA in schilderkunst van de Tehran University of Art. Pouyan nam deel aan talrijke tentoonstellingen in instellingen als de Lahore Biënnale; National Art Museum of China, Beijing; British Museum, Londen; en Kochi-Muziris Biënnale, Kochi Island. Zijn werk is opgenomen in vooraanstaande particuliere en publieke collecties, waaronder The Metropolitan Museum of Art, The British Museum, The Abby Weed Grey Collection of Modern Asian and Middle Eastern Art, en het Herbert F. Johnson Museum of Art.

Shahpour Pouyan holds an MFA from Pratt Institute, New York, and an MFA in Painting from the Tehran University of Art. Pouyan has participated in numerous exhibitions at institutions including the Lahore Biennial; National Art Museum of China, Beijing; British Museum, London; and Kochi-Muziris Biennale, Kochi Island. His work is part of prominent private and public collections including The Metropolitan Museum of Art, The British Museum, The Abby Weed Grey Collection of Modern Asian and Middle Eastern Art, and the Herbert F. Johnson Museum of Art.

Beeldverantwoording / Image credits

fig.1-4 Courtesy Shahpour Pouyan
fig.5 Collectie / Collection Museum Dhondt-Dhaenens, Deurle © SABAM Belgium 2021
fig.6 Collectie / Collection Dhondt-Dhaenens, Deurle © SABAM Belgium 2021
fig.7 Collectie / Collection Museum Dhondt-Dhaenens, Deurle
fig.8 © Agnes Denes. Courtesy Leslie Tonkonow Artworks + Projects, New York. Foto/Photo: John McGrail
fig.9 Fotograaf en datum onbekend / Photographer and date unknown
fig.10 Bron onbekend / Creator unknown, 1979
fig.11 Centrale bank van Iran / Central Bank of Iran, 1982
fig.12 Fotograaf onbekend / Photographer unknown, 1981
fig.13 Fotograaf en datum onbekend / Photographer and date unknown
fig.14 Maker en datum onbekend / Creator and date unknown
fig.15 Maker en datum onbekend / Creator and date unknown
fig.16 © Krzysztof Wodiczko, 1985
fig.17 © Doris Salcedo en/and White Cube. Foto/Photo: © Tate Modern
fig.18 Collectie / Collection Walker Art Center, Minneapolis; schenking van de kunstenaar / gift of the artist, 2006 © Siah Armajani
fig.19 © Northrop Grumman Corporation, datum onbekend / date unknown
fig.20 Fotograaf en datum onbekend / Photographer and date unknown
fig.21 Courtesy Shahpour Pouyan
fig.22 Foto/Photo: Shahpour Pouyan
fig.23 © AP Photo/Kurt Strumpf, 1979
fig.24 © AP Photo/Thierry Campion, 1979
fig.25 © Francis Alÿs, courtesy of the artist and Jan Mot, Brussels
fig.26 © The Estate of Philip Guston, courtesy Hauser & Wirth
fig.27 Fotograaf onbekend / Photographer unknown, 2015
fig.28 © Northrop Grumman Corporation, 1976
fig.29 Foto/Photo: Aria Amiri, 2016
fig.30 Fotograaf en datum onbekend / Photographer and date unknown
fig.31 © The Trustees of the British Museum

cat.1 Courtesy Shahpour Pouyan, privécollectie / private collection
cat.2 Courtesy Shahpour Pouyan en/and Lawrie Shabibi, Dubai
cat.3 Courtesy Shahpour Pouyan en/and Lawrie Shabibi, Dubai
cat.4 Courtesy Shahpour Pouyan en/and Lawrie Shabibi, Dubai
cat.5 Courtesy Shahpour Pouyan en/and Lawrie Shabibi, Dubai
cat.6 Courtesy Shahpour Pouyan en/and Galerie Nathalie Obadia, Paris/Brussels. Foto/Photo: Bertrand Huet / Tutti image
cat.7 Courtesy Shahpour Pouyan en/and Galerie Nathalie Obadia, Paris/Brussels. Foto/Photo: Bertrand Huet / Tutti image
cat.8 Courtesy Shahpour Pouyan
cat.9 Courtesy Shahpour Pouyan en/and Lawrie Shabibi, Dubai
cat.10 Courtesy Shahpour Pouyan
cat.11 Courtesy Shahpour Pouyan en/and Lawrie Shabibi, Dubai
cat.12 Courtesy Shahpour Pouyan en/and Lawrie Shabibi, Dubai
cat.13 Courtesy Shahpour Pouyan

Fotografie / Photography

Rik Vannevel: Kaft/Cover, p.10, p.17-24
Shahpour Pouyan: p.11

Deze publicatie is uitgegeven naar aanleiding van de tentoonstelling / This publication is published on the occasion of the exhibition

Shahpour Pouyan
Skyhigh is my place
Museum Dhondt-Dhaenens
07.11.2021-23.01.2022

Catalogus / Catalogue

Inhoudelijke samenstelling / Edited by
Antony Hudek, Laurens Otto

Met bijdragen van / Contributors
Media Farzin, Pepe Karmel, Laurens Otto, Shahpour Pouyan

Grafisch ontwerp / Graphic design
ruttens-wille

Vertalingen / Translations
Peter Groeninck

Druk / Print
die Keure

Uitgever / Publisher
Museum Dhondt-Dhaenens
Museumlaan 14
B-9831 Deurle
museum d d.be

Distributie / Distribution
Exhibitions International
+32(0)16296900
orders@exhibitionsinternational.be

ISBN 9789076034300
D/2021/6349/004

© 2021 Shahpour Pouyan,
de auteurs / the authors,
Museum Dhondt-Dhaenens

Alle rechten voorbehouden. Geen enkel deel van deze publicatie mag gereproduceerd of overgedragen worden, in enige vorm of op enige wijze, elektronisch of mechanisch, met inbegrip van fotokopie, opname of enig ander informatie-, opslag- of ophaalsysteem, zonder voorafgaande schriftelijke toestemming van rechthebbenden.

All rights reserved. No part of this publication may be reproduced or transmitted, in any form or by any means, electronic or mechanical, including photocopy, recording or any other information storage and retrieval system, without prior permission in writing from the copyright holders.

Hartelijk dank aan / Warm thanks to
Asmaa Al Shabibi, Frederiek Ballière, Paul Beguin, Isotta Bosi, Charlotte Crevits, Media Farzin, Arianne Kamsteeg, Pepe Karmel, William Lawrie, Joep van Lieshout, Will Lunn, Nathalie Obadia, Shahpour Pouyan, Lawrie Shabibi, An-Valerie Vandromme, Harm Verhagen, Valérie Wille.

De tentoonstelling is mogelijk gemaakt door de genereuze steun van / The exhibition has benefited from the generous support of:

Galerie Nathalie Obadia, Paris/Brussels
Copperfield, London
Lawrie Shabibi, Dubai
Ouwen Duiker
Atelier Van Lieshout

GALERIE NATHALIE OBADIA
PARIS - BRUSSELS

CØPPERFIELD
LØNDON

lawrieshabibi

OUWEN DUIKER

De publicatie van de tentoonstelling wordt genereus ondersteund door / The exhibition publication is generously supported by the Henry Moore Foundation, Galerie Nathalie Obadia (Paris/Brussels), Lawrie Shabibi (Dubai).

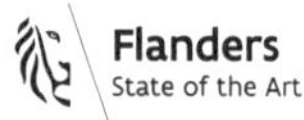

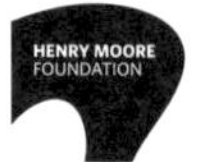